湖南省新闻出版发展基金会资助项目

共筑同心圆

中华民族的家国故事

01

峥嵘岁月

方显拳拳爱国心

02

万象更新

不离务实奋斗者

03

一日千里

共筑各族团结情

04

继往开来

迈步中国复兴路

王伟——主编

CNS PUBLISHING & MEDIA 中南出版传媒

湖南电子音像出版社·长沙

Hunan Electronic And Audio-visual Publishing House

图书在版编目（CIP）数据

共筑同心圆：中华民族的家国故事/王伟主编.
长沙：湖南电子音像出版社，2024.7. -- ISBN 978-7-83004-532-6

Ⅰ．C955.2

中国国家版本馆 CIP 数据核字第 2024VT6279 号

共筑同心圆：中华民族的家国故事
GONGZHU TONGXINYUAN: ZHONGHUA MINZU DE JIAGUO GUSHI

出 版 人：黄永华						
主　　编：王 伟						
编　　著：卜小涵	丁 怡	于欣蕾	土登生根	马 鑫	王 伟	
石 美	旦增坚才	吕 昕	刘明菲	刘泽锋	吴汉楠	
余 甜	林婉冰	金 霖	赵心彤	赵 娇	郭 兴	
徐 欧	黄冠蓉	韩文清	普同庆	韩佳钰		

插图绘制：杨雪雯　胡 壮　刘子琦
播　　讲：史俊博
责任编辑：荀 娟　张诗瑞
责任校对：刘德华
音频制作：张亚娜　江佩雯
美术编辑：张 剑
技术编辑：钟 瑛
装帧设计：谢俊平　张 剑

出　　版：湖南电子音像出版社
印　　刷：湖南天闻新华印务有限公司
开　　本：710mm×1000mm　1/16
印　　张：22.5
字　　数：350 千字
版　　次：2024 年 7 月第 1 版
印　　次：2024 年 7 月第 1 次印刷
书　　号：ISBN 978-7-83004-532-6
定　　价：80.00 元

如有印装质量问题，请与生产服务中心联系调换。

联系电话：0731—82228602

本书编委会

编委会主任： 青　觉

编委会成员： 马成俊　马忠才　马俊毅　王　伟
　　　　　　　关　凯　李大龙　严　庆　陈建樾
　　　　　　　周真刚　郝亚明　高　卉　都永浩
　　　　　　　郭孟秀　崔明德　赛　娜
　　　　　　　（按姓氏笔画排序）

序言

中央民族大学中国民族理论与民族政策研究院王伟教授主编的《共筑同心圆——中华民族的家国故事》一书，即将正式出版发行。这不仅是王伟教授及其学术团队为国内外读者奉献的又一力作，也是中华民族共同体研究领域值得庆贺的一件盛事。纵观此书，大致是循着时间脉络，对近代以来中华各民族的先进事迹和民族团结进步的光辉典范，进行了认真考证、细致回溯和精彩讲述。从内容上看，本书主要分为"峥嵘岁月 方显拳拳爱国心""万象更新 不离务实奋斗者""一日千里 共筑各族团结情""继往开来 迈步中国复兴路"等四个部分，具体涵括了汉族、蒙古族、藏族、维吾尔族、回族、满族、壮族等56个民族优秀中华儿女的动人故事与事迹。习近平总书记在党的二十大报告中深切指出："加快构建中国话语和中国叙事体系，讲好中国故事、传播好中国声音，展现可信、可爱、可敬的中国形象。"故事承载历史、折射现实。中国作为一个统一的多民族国家，向全世界呈现中华民族各族人民一起披荆斩棘、团结奋斗的动人故事，具有非凡的意义与价值。而就学界目前既有的研究成果而言，聚焦中华民族共同体相关议题的思想探源与理论阐释相对较多，但对中华民族大团结的故事呈现和案例佐证相对较少，尤其是缺乏对过往历史和当代发生着的中华民族各族人民相亲相爱之团结实践的系统梳理。因此，本书的出版，可以说在很大程度上弥补了这一空白与缺憾。

之所以要重视民族团结、讲好民族团结故事，是由民族团结的重要性所决定的。在我国这样一个统一的多民族国家，民族团结事关祖国统一与边疆巩固，事关社会稳定与长治久安，事关社会主义现代化国家建设与中华民族伟大复兴，因此具有超然的地位和分量。纵观古今中外，远者如南斯拉夫、乌干达，近者如苏丹等，因为没有做好民族团结而致社会动荡乃至国家分裂的案例屡见不鲜。而新中国成立七十多年来，中国之所以能够取得如此举世瞩目的辉煌成绩，且能够在实现经济高速增长的同时保持社会大局的基本稳定，很大程度上归功于我们始终高举中华民族大团结的旗帜，归功于我们成功走出了一条具有中国特色的解决民族问题的正确道路。回溯历史，不同时期民族团结的任务也各有侧重。在社会主义建设时期，推进民族团结，主要是消除民族压迫和歧视、实现民族平等，保证各民族共同当家作主；改革开放以来，推进民族团结，主要是支持民族地区加快发展，实现各民族共同团结奋斗、共同繁荣发展。中国特色社会主义进入新时代，中国正处于中华民族伟大复兴的关键时期，我们比历史上任何时期都更加接近中华民族伟大复兴这一目标。与此同时，在复兴之路上，我们还面临着国内外复杂的形势和各种风险挑战。在此背景下，只有加强中华民族大团结，才能更好地为实现中华民族伟大复兴创造条件、凝聚力量。

加强中华民族大团结，需要我们在新时代的历史征程中持续推进中华民族共同体建设，正确把握并妥善处理"人"与"物"、"历史"与"现实"、"国家"与"社会"、"共同性"与"差异性"等复杂关系，切实解决好团结的问题、解决好人心的问题。作为一个已经被诸多学术同仁热烈讨论和深切思索的主题，本人在这里也结合自身长期的科研学习，提出了一些思考体会。囿于篇幅，这里略举其荦荦大者。

首先，要从宏观层面诠释清楚中华民族共同体建设的历史缘由与现实逻辑，使中华民族共同体建设与中国共产党百年奋斗史建立起联系、与中华文明千年发展史建立起联系、与中华民族整体发展复兴建立起联系。要准确认识到，中华民族共同体建设不只是一个自发自为的实践行动，也不只是一个为了致力解决当代民族事务领域具体问题的政策行为，更是基于对数千年中华文明的更好传承与创新而具备的历史纵深性、基于对中华民族整体发展复兴的更好支撑与推动而具备的现实统辖性、基于对中国共产党一百年以来推进中华民族大团结事业的一脉相承又与时俱进而具备的逻辑必然性。显而易见，它是与党和国家的宏观大局紧密联系在一起的，这体现的是一种穿透历史、运思现实的大视野、大格局和大情怀。在新时代，我们需要将这些关系梳理清楚、诠释明白，并将之付诸具体实践的指导中，以求做到目标上执着明确、行动上协调统一。正如习近平总书记指出的，要赋予所有改革发展以彰显中华民族共同体意识的意义，以维护统一、反对分裂的意义，以改善民生、凝聚人心的意义，让中华民族共同体牢不可破。

其次，要更加注重对各民族日常团结实践与生活经验的提炼和呈现，使中华民族共同体建设能够反映人民的志趣，充满泥土气息。正如一颗种子的生长过程，中华民族共同体建设不仅需要努力向上做"形而上"的理论探究与政策阐释，也需要在下方更深厚的土壤层中落地扎根，不断汲取丰厚营养，扩展延伸根脉。作为中华民族各族人民的共同性实践，中华民族共同体建设大多发生在日常生活场域中，并在各族人民的朝夕相处与交流交往交融过程中持续得以夯实和深化。这些实践，不仅具备生动厚实的内容，而且拥有鲜活饱满的生命力。对这些日常生活中的各民族团结实践经验进行提炼与呈现，不仅有助于避免中华民族共同体建设落入凌空蹈虚之窠臼，使其更加接地气、冒热气、聚人气，而且也可将这些发生在各族人民群众身边的故事、身边的模范，转化为建设中华民族共同体的鲜活、具象的学习资源，从而持续深化中华民族共同体的社会心理根基。

最后，要在中华民族共同体建设过程中更加突出"人"的作用，弘扬中华各民族共有共通共享的"情"，将心比心、以情动人，不断以"情"为纽带推进各族人民的大团结、大凝聚。人是社会的主体，只有立足人的社会存在，才能根据社会关系的亲疏远近联结成家庭、团体、聚落和民族等共同体。推进中华民族大团结，根本的是要争取人心、顺应人情。只有"人"的团结，只有"人"的友爱，才有"民族"的团结；只有在人心上归聚到一起，只有在感情上不分彼此、不分内外，才有各民族对中华民族共同体的自觉认同，才会生发凝聚力与向心力。在本书中，各民族相亲相爱的动人故事可谓不胜枚举、俯拾皆是，其中一以贯之的就是超越各民族具体身份的"真情"与"大爱"。正如维吾尔族"最美妈妈"阿里帕·阿力马洪所说的那样："在我家里，没有民族之分，手心手背都是肉，他们都是我的孩子，我们是一家人。"建设中华民族共同体，核心就在于建立这样一种情感上相亲相爱、心理上不分彼此的共同体关系，就在于相互传递这样一种人活在世间普遍需要的真情实意与情感共鸣，就在于以"情"为媒介对中华各民族进行全方位的熏陶以及深层打动与感染。

"操千曲而后晓声，观千剑而后识器。"阅读、聆听中华各民族相亲相爱、团结一心、共同奋斗的动人故事，本质上也是为了启发、指引我们更好地理解民族团结、践行民族团结，更加深切体会到个体与中华民族共同体、家与国的相互依存关系，从而自觉维护和珍惜这一来之不易的中华民族大团结局面，并将自身力量积极汇入到新时代推进中华民族共同体建设的浩荡大潮之中。这不仅是理论研究工作者的应有职责，亦是全体中华儿女的共同使命。

是为序。

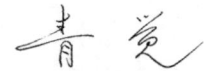

2024 年 6 月 26 日

（中央民族大学中国民族理论与民族政策研究院教授、博士生导师）

前言

  百年征程,中国共产党走过了建党之初的筚路蓝缕,新中国成立之后的峥嵘岁月,改革开放全面发展的历程,迈入了中华民族伟大复兴的新时代。百年来,在中国共产党领导下,中华各族儿女携手共进,一步一步地实现中华民族伟大复兴的中国梦。

  百年长路,饱含着各族人民的奋进汗水与幸福笑容。他们有的为了建立新中国献出了宝贵的生命,有的为了国家安全、边疆稳定默默驻守,有的为了祖国的未来扎根大山教书育人。"平凡"的各民族大众做着不平凡的事,为各民族的和谐交往交流交融出一份力、尽一份心,一个个民族团结故事被书写在中华大地上,凝聚成党的百年历史中不可或缺的斑斓画卷。

  本书以中国共产党百年奋斗的历史为主线,选取了不同历史阶段的民族团结故事,最终汇聚成56篇文章,涵盖我国56个民族,以此来生动展示在中国共产党领导下各族人民团结奋进、共同繁荣的光辉图景。

  以时间作为主干,本书将这百年光阴分为四个阶段:一、自建党到中华人民共和国成立前的峥嵘岁月;二、中华人民共和国成立后至改革开放前的万象更新;三、改革开放后至新时代前的一日千里;四、自新时代以降的继往开来。这四个阶段呈现出不同时期各族人民如何为国家的建设、民族的发展、民族交往交流交融、铸牢中华民族共同体意识等方面所做出的努力。正所谓有国才有家,祖国的繁荣昌盛是各族人民美好生活的根本保证,中国的进步也需要56个民族像石榴籽一样紧紧地抱在一起。在中国共产党的带领下,中华儿女将在平凡而又伟大的奋斗中实现中华民族伟大复兴。

　　本书共分为四个部分：一、峥嵘岁月　方显拳拳爱国心。从中国共产党建立到中华人民共和国成立以前，各民族以中华民族的自觉、独立、解放为己任，共同写下了团结一体、一致对外的红色历史，写下了各民族一损俱损、一荣俱荣的同脉故事。二、万象更新　不离务实奋斗者。中华人民共和国成立后到改革开放前的这一时期，旧的民族关系被新的社会主义民族政策代替，各民族万象一新。民族团结故事围绕各民族落实党的民族政策，建立和发展社会主义民族关系而展开。这一时期民族团结不断加强，祖国统一得到巩固，各族人民的国家认同意识逐步增强，中华民族以全新面貌屹立于世界民族之林。三、一日千里　共筑各族团结情。改革开放后到新时代之前的这一阶段，中华民族走上了高速发展的道路，政治、经济、文化、社会等诸多方面日新月异。这一时期各民族间的联系日益紧密，民族交往交流交融成为主旋律。民族团结进步故事主要体现在不断巩固和发展社会主义民族关系，各民族共同团结奋斗、共同繁荣发展的历程中。四、继往开来　迈步中国复兴路。党的十九大做出重大判断，"中国特色社会主义进入了新时代"，同时也将"铸牢中华民族共同体意识"写入了党章，这也成为新时代民族工作的主线。在这个阶段，各族"手拉手""心连心"，像"石榴籽"一样紧紧抱在一起。他们同心共筑中国梦的团结故事，与铸牢中华民族共同体意识的进程紧密相连。

　　百年党史峥嵘岁月，中华民族在中国共产党的领导下，经历了从站起来到富起来到强起来的过程。在这棵百年大树上，各民族团结故事化为丰硕的果实点缀其间，异彩纷呈。

　　五十六个民族五十六朵花，五十六族兄弟姐妹是一家。56篇民族团结故事仅是百年来中国共产党领导各族人民团结奋斗的诸多故事的缩影，是中华民族团结一家亲的部分呈现。在此撷取成书，以飨读者！

目录

峥嵘岁月　方显拳拳爱国心
自建党到新中国成立前

李和才　以行善举而促团结的哈尼族传奇英雄 / 002

王国兴　黎族革命的领导人 / 008

小叶丹　用生命践行彝海结盟的誓言 / 014

韦拔群　为中华民族站起来付出一切的革命先驱 / 020

安登榜　从羌族土司到红军战士的选择 / 026

马　骏　青春之骏尽显青春之俊 / 032

何孟雄　久经血与火考验的瑶族革命烈士 / 038

胡玉堂　"愿断头颅，不愿为英帝之牛马"的阿佤爱国心 / 044

余有福　傈僳精英，抗日英雄 / 050

高玉柱　纳西才女，抗日英杰 / 056

许亨植　青峰岭下埋英魂，血沃少陵名永存 / 062

雷永通　来自畲族的开国少将 / 068
石克义　远征印缅壮志酬，毛南英雄战功赫 / 074

万象更新　不离务实奋斗者
新中国成立后至改革开放前

吉雅泰　新中国少数民族大使 / 082
线诺坎　最后一位景颇山官 / 088
邹习祥　功绩震世谓之英，胆力过人谓之雄 / 094
田心桃　从"苗族代表"到"中国土家第一人" / 100
田富达　高山族战士的爱国之旅 / 106
包玉堂　如果有来生还要写刘三姐 / 112
布茹玛汗·毛勒朵　50余载在边境线刻满"中国石" / 118

尔孜规·阿优夫　新中国第一位维吾尔族女伞兵 / 124

一日千里　共筑各族团结情
改革开放后至新时代前

杨三三代人　"花德昂"的红色路 / 132

陆永康　跪着的身躯扛起山乡的希望 / 138

罗正和　对越自卫反击战中的"拉祜族英雄" / 144

吴秀芳　用心浇灌民族团结之花的锡伯族"妈妈" / 150

章华生　阿克苏市红桥社区的"汉族丫头" / 156

夏米力·夏克尔　我有责任将新疆的民族团结之情用心唱出来 / 162

董志春　基诺百姓的"老董叔",社区民警的"老革命" / 168

项老赛　传承与创新民族技艺的户撒刀王 / 174

岩　龙　对越自卫反击战中的孤胆神枪手 / 180

杨绍书　船头山上的引路人 / 186

关慧明　"蒙古马精神"的践行者 / 192

乌日娜　歌声与现实中的"吉祥三宝" / 198

居马泰·俄白克　行走天堑的老药箱，牧民健康的守护者 / 204

何　玲　京族群众的致富带头人 / 210

马　兰　将青春奉献给改善大山深处的教育 / 216

张铁军　心系人民的好支部书记 / 222

晓　红　心系珞巴族人民生活，守护珞巴族传统文化 / 228

张智娟　白族村医的 30 年团结情 / 234

| 继往开来　迈步中国复兴路
| 自新时代以降

吴天一　用生命求索高原之路，用一生坚守医学事业 / 242

马邦河　保安人民的好委员 / 248

高德荣　新时代贡山闪亮的坐标 / 254

卓嘎、央宗姐妹　扎根雪域边陲的姐妹花 / 260

李仁英　赡养汉族老人 30 年，推动民族团结一家亲 / 266

邓前堆　怒江上的"索道医生"，怒族人民的守护神 / 272

孟平红　倾心投入农业科研，让老百姓吃上"放心菜" / 278

贺卫国　裕固草原上的扎斯格雷 / 284

虞　梅　医者仁心浇灌民族团结之花 / 290

马乙四夫　全国民族团结进步模范个人 / 296

照力得汗·瓦里吾拉 一路播撒爱的种子,携手走在幸福的大道上 / 302

孟亚静 猎民村脱贫致富的领头人 / 308

格桑德吉 边境深处的坚守者,门巴孩子的圆梦人 / 314

茸芭莘那 唱响普米之声的灵动歌者 / 320

刘　蕾 "船上捕鱼"到"岸上致富"的见证者 / 326

吴玉圣与侗家七仙女 大山里的网红脱贫队 / 332

李莉瑶 用创造和奉献诠释"最美的青春" / 338

用手机扫描二维码
即时聆听书中故事

峥嵘岁月
方显拳拳爱国心
- 自建党到新中国成立前

"中华民族的各族人民都反对外来民族的压迫，都要用反抗的手段解除这种压迫。他们赞成平等的联合，而不赞成互相压迫。在中华民族的几千年的历史中，产生了很多的民族英雄和革命领袖。所以，中华民族又是一个有光荣的革命传统和优秀的历史遗产的民族。"

——毛泽东《中国革命和中国共产党》

（1939年）

李和才
以行善举而促团结的哈尼族传奇英雄

李和才生来就是不平凡之人，有着不平凡的童年经历。1893 年的一天，李和才出生在了田地里，山谷里回荡着他响亮的哭声，似乎在向世界宣告他的人生拉开了序幕。他家境贫寒，3 岁的时候母亲就不幸失明，9 岁时又丧父，这让本就贫穷的家里雪上加霜。年幼的他接受了上天下的"挑战书"，一个人挑起生活的重担。1922 年，他的母亲也离他而去，他到下龙潭村李家借钱为母亲办丧事。丧礼过后，他到李家干农活抵债，经过 3 年才还清债务，开启了自己另一段人生。

李和才

为民造福行善举

李和才在卖普洱茶致富后回到咪哩乡，他先是买了几匹骡马，跟着马帮驮茶叶、盐巴、土特产等，然后用赚到的钱买了骡马做起了马帮生意。1935 年李和才又做起了马帮运输生意。不久，李和才的生意红火起来，他成为滇南有名的富豪新秀。

成为富豪的李和才并没有忘记家乡的人民，他怀着一颗感恩的心，真正做到了"达则兼济天下"。他知晓穷苦人民的辛酸，很早就有了"让穷苦百姓吃上饭，过上好日子"的想法。他乐善好施，仗义疏财，对于因灾荒、死丧前来求援的贫困农民从不吝啬，并且出资帮助他们度荒解困。他深知占地收租才是发财致富之道，却反其道而行之。经过一番细致摸底后，他到县城请求县长同意开沟垦造良田，并且帮助家乡修桥筑路，发展经济，帮助无地、少地的农民筑堤开沟，拓荒屯田等，受到元江、墨江、绿春等地百姓的敬重。

李和才深知哈尼人在文化方面的苦难，决心开办学校，让新一代哈尼人学文化，掌握知识，促进民族的进步与发展。1937年，李和才自己出资创办咪哩小学，先修建校舍，后亲自到因远、安定聘请了几位从教多年、富有教学经验的教师到咪哩任教。直到1947年，李和才先后创办了咪哩、小柏木、孟朋、甘岔、紫陀螺等5所小学。1947年秋，李和才又拿出一笔资金，委托张云卿先生在因远开办一个专门招收失学青年的"学术研究会"，又称作"中学预备班"，对于失学青年来说无疑是黑暗里的一束光。

身体力行促团结

中华人民共和国成立前，李和才说："我跟共产党，决不三心二意。我的家产、武装人员、枪支弹药、骡马全部交给共产党，只留一床虎皮褥子。"在国内局势动荡不安的形势下，他率领部下加入解放军，积极搞好边疆民族团结，维护边疆稳定，始终不渝跟党走，为云南省民族团结、边疆稳定做了不少工作，特别在争取红河、金平等地民族上层回归祖国的过程中起到了重要作用。

云南刚解放的时候，边疆很多少数民族土司、头人对共产党不信任，有担惊受怕的，有想对抗的，还有带领村民逃往境外的。时任蒙自专区副专员的李和才，深入边远山区、少数民族聚居区，不断宣传党的民族政策。李和才经常对那些土司、头人说："我李和才，钱比你们多、枪比你们多、田比你们多，我跟着共产党，共产党没有整我、关我、杀我，还给我做大官，你们怕什么？

不要有其他想法了，就跟共产党。"李和才在滇南一带少数民族中有较大影响，他的现身说法，对边疆少数民族的稳定和发展，发挥了重大作用。

李和才与少数民族同胞在一起（前排中）

李和才是一个注重民族气节的汉子，他非常注意维护自己的民族尊严。起初，他对民族的概念比较模糊，也不知道维护自己民族尊严的重要性。但经历过很多后，他十分维护自己的民族身份。比如在跟自己的同胞讲话时，他坚持讲哈尼语，不讲汉语。如果听见有人叫哈尼人"老窝尼"，他就会非常认真地进行解释、规劝。若有人以"老窝尼"来歧视自己时，他就不厌其烦地进行教育。

坚定不移跟党走

元江县咪哩乡李和才的故居中刻着这样一句话："我跟定共产党就像竹筒倒豆。"这是他生前常说的一句话。李和才自从追随共产党后，就下定决心要跟定党，跟到底。作为一个闻名全滇的富豪，从一开始的同情革命到拿出钱财、物资支持革命，直至愿意无条件投身革命，他逐渐成为与共产党和人民政府肝胆相照、风雨同舟、荣辱与共的伟大革命者。

1947年，中国革命战争出现重大战略转折，中国人民解放军由战略防御转向战略进攻，全国解放胜利在望。以李和才为代表的民族进步人士深明大义，积极支持革命活动，特别是李和才受进步思想的影响，同意在咪哩乡小柏木村开办军政干部训练班,且同意负责训练班学员们的生活和安全保障。由此,中共云南省工委、滇南工委在该地区培养了大批优秀的地下党员、"盟青"成员和进步学生,这些人才为国家的解放事业做出了突出贡献。后来李和才又将他的武装力量交给人民解放军整编为"滇南人民护乡第一团"(也称"元江护乡团"),时任团长。当时,元江护乡一团是十支队中武器装备最精良的一支部队,在后来的滇南战役元江阻击战、解放滇南各县、征粮剿匪等战斗中屡立战功,为云南的解放事业做出了重要贡献。

李和才在天安门广场前留影

1954年9月,李和才当选全国人大代表,到北京出席第一届全国人民代表大会,受到毛主席、周总理的接见,李和才更加坚定了跟党走的信念。从北京回来后不久,李和才在第一届红河哈尼族彝族自治州人民代表大会第一次全体会议上当选为州长。

李和才经常挂在嘴边的一句话:"我们少数民族地区要翻身,要过上好日子,离不开共产党的领导,离不开汉族干部的帮助,我们要听共产党的话,跟共产党走。"

哈尼族

哈尼族绝大部分集中分布于云南南部元江（红河）、澜沧江两江的中间地带，这一区域正处于汉族、彝族、白族、傣族、拉祜族等族分布地之间，并有苗族、瑶族、回族、壮族等族分布其间。哈尼族的自称和历史名称虽多，但其音义基本一致。哈尼语属汉藏语系藏缅语族彝语支，同彝语、傈僳语、拉祜语、纳西语比较接近。利用山区自然条件开垦梯田，是哈尼族的特长和近千年的传统。哈尼族的传统节日众多，最主要的是十月年和六月年。哈尼族以农历十月为岁首，过十月年，就是过新年。由于吸收了汉文化，红河地区的哈尼族和汉族一样，也过春节、端午节、中秋节等节日。

王国兴
黎族革命的领导人

王国兴是黎族的革命领袖,在抗日战争时期,领导黎族人民发动了武装起义,为海南抗日战争、创建海南五指山革命根据地做出过杰出贡献。中华人民共和国成立后,他曾任全国政协第一届委员会委员、中央人民政府民族事务委员会委员,是海南黎族苗族自治州第一任州长、中共海南黎族苗族自治州州委副书记。

王国兴

不堪压迫:黎族人民领袖

王国兴家族世居的海南白沙县红毛峒番响村(今属琼中红毛镇),是黎族、苗族世代聚居的地方。旧时的黎族根据血缘关系划分为峒,各峒以长者为峒长。生于峒长世家的王国兴后来被选为红毛乡乡长,所辖上万人口。

1939年春,日本侵略者的铁蹄踏入海南岛,在日寇的进攻下,一触即溃的国民党军队相继逃入五指山区,并对手无寸铁的黎胞、苗胞横征暴敛、烧杀抢掠。1943年，五指山还发生了惨绝人寰的"中平惨案"。国民党反动派以"通日""汉奸"的罪名，一天之内集体屠杀了白沙、保亭两县23个村庄的1000多名苗族同胞。

这一惨案震动了同病相怜的数十万黎族同胞，是忍辱偷生还是另寻生路？黎族生存之路在何方？这些问题不断冲击着王国兴的内心。王国兴用两个月的时间走遍了五指山区，联系了各乡头人，商讨筹备起义工作。1942年8月，王国兴在白沙起义第二次筹备会议上，被推选为白沙起义总指挥。

此后，多次起义筹备会议相继召开。在其中一次会议上，全体参会者按照黎族古老的传统风俗举行歃血盟誓仪式，王国兴举起血酒郑重地宣誓："我誓与同胞们同生共死，绝不背叛！"这染血的誓言化作了黎族同胞共同的精神支柱，鼓舞着他们为民族生存而浴血奋战。

1943年8月，白沙起义的第一枪打响，白沙各区两万余名黎族、苗族同胞分多路参与战斗。历经半个月的激战，国民党军政人员死伤300余人，驻于白沙境内的国民党军政机关和部队被全部赶出。

起义在初期大获全胜，白沙山水重回怀抱。黎族同胞个个扬眉吐气，庆祝来之不易的胜利。在此次起义中，王国兴带领黎族人民，凭借着为民族解放英勇战斗的精神，以落后的武器打退了装备精良的国民党军队，为黎族史书写下了不朽的篇章。

歃血结盟纪念园雕像

建设五指山革命根据地

1943年9月底，国民党重新调集兵力，向白沙疯狂反扑。敌人的突袭，加上自身武器的简陋，白色恐怖重新笼罩白沙。大屠杀中一万多名黎胞惨死，起义遭受重挫。王国兴的兄弟中有3人被杀，他的一个女儿被害，另一个被卖到异乡，国民党还重金悬赏王国兴的头颅。

此时的王国兴意识到，要想将斗争坚持下去，必须依靠共产党。他果断地派出代表，寻找冯白驹领导的琼崖独立纵队。很快，琼崖特委相继派出黎苗民族工作委员会和先遣部队进驻白沙，该地区武装斗争的性质和内容逐渐发生了变化。

王国兴来到琼崖独立纵队的驻地澄迈县六芹山，与琼崖特委书记、纵队司令员冯白驹一见如故，这更坚定了王国兴在共产党领导下干革命、永远跟着共产党走的信念。

1945年，琼崖特委决定成立支队，加速开辟五指山革命根据地。根据地建设期间，中共琼崖特委通过土地改革、减租减息、清匪反霸等一系列行动，让黎族、苗族等族人民翻身做了主人。从此，被乌云笼罩的五指山区终于迎来了新生，黎族人民的革命斗争在中国共产党的指引下走上了一条崭新的道路。

开辟五指山革命根据地也为共产党提供了广阔而巩固的后方，冯白驹同志回忆当年的斗争时曾说："当年如果没有王国兴的支持，我们的处境将是非常困难的。"解放初期，毛泽东同志也曾经高度评价王国兴在建设五指山革命根据地中的历史功绩。

党的召唤

1949年9月21日，中国人民政治协商会议正式召开，鉴于王国兴在领导黎族人民革命中所发挥的重要作用，中国共产党经协商推荐其作为少数民族代表参加中国人民政治协商会议。

王国兴作为少数民族代表，传达了黎族群众的心声，表达了群众的愿景与期待。他在大会上发言："共产党不但分给我们田地，同时也分给我们参与讨论国家大事的权利了。只有永远跟着共产党走，跟着毛主席走，我们的一切权利才会得到保障，我们的前途才会光明灿烂。"除中国人民政治协商会议第一届全国委员会委员之外，王国兴还同时被选为中央人民政府民族事务委员会委员。

1952年，王国兴当选为海南黎族苗族自治区主席。1955年，自治区改称自治州，王国兴任州长。1953年5月，中共中央批准王国兴同志正式加入共产党。

建设家乡新历程

任职期间，王国兴不遗余力地促进各民族团结和民族地区的发展，他经常深入基层调查研究，关心黎族、苗族同胞的生产和生活。为了搞好民族地区的各项工作，他带头尊重汉族干部，虚心向汉族干部学习，处处维护和增强各族干部间的团结。

同时，王国兴十分重视民族地区的文化教育事业，在他的重视和培养下，大批民族干部茁壮成长。他要求各级领导认真抓好民族地区的教育工作。为了早日改变民族地区的落后面貌，他充分发挥知识分子的才干和作用，发动群众修建学校，送子女上学读书。他认为："只有重视和关心教育好下一代，才能培养出真正的人才。"

1975年1月7日，王国兴在海口与世长辞。在艰苦岁月里，王国兴始终坚信共产党，跟随共产党为黎族地区的发展与繁荣奉献出自己的全部心血，用汗水浇灌了民族团结之花。

自治州的各族人民深情缅怀王国兴同志："我们永远不会忘记是王国兴带领我们黎族找到了共产党。"

他与共产党的关系正如他经常唱的那首山歌一样："红藤生来苦藤牵，生来相随死相连。任你磨刀斩河水，河干水断不分离。"

黎族

黎族是我国南方的一个古老民族，也是海南岛最早的居民，主要聚居于海南省陵水、保亭、三亚、乐东、东方、昌江、白沙、琼中、五指山等地。黎语属于汉藏语系壮侗语族黎语支，分哈（过去作"侾"）、杞（又称"歧"）、美孚、润（过去汉称"本地"黎）、赛（过去称"得透"黎或"加茂"黎）五种不同的方言。黎族没有本民族文字，均使用汉字，1957年在政府支持下曾以拉丁字母为基础创制了黎文。黎族的民间手工艺术历史悠久，种类繁多，丰富多彩，以黎锦最为著名，其中出产的黎单、崖州被和黎锦双面绣，因技术精巧细密、花色艳丽而享有盛名。三月三是黎族的传统节日，其主要内容是对歌，传说是为了纪念黎族远古祖先、英雄人物而设立的。

小叶丹
用生命践行彝海结盟的誓言

彝海结盟纪念碑

1935年,红军长征渡过金沙江后继续北上,出发时的80000多人已减员到30000多人,其中战斗人员不足9000人。红军为迅速抢渡大渡河,由刘伯承、聂荣臻带领的红军先遣队需要借道穿过凉山地区。此时的凉山地区,外部受国民党势力压迫,内部黑彝家支分割统治。原本错综复杂的困局,因为一段"歃血为盟"的佳话迎刃而解。质朴的彝族同胞同中国共产党结下了深厚的革命友谊,其中一位有着家国大义的彝族家支首领小叶丹,起到了极为重要的作用。

彝族家支里的"青年领袖"

小叶丹在少年时就为人豪爽、善交际、讲义气,走到哪里身边都有一群伙伴;青年时他就已熟知彝族习惯法与典故,能言善辩,逐渐成了当地彝族的政治代表。由于与周边部落统领相比，他的年龄最小，因此就有了"小叶丹"的称谓。小叶丹年纪虽轻，但他不仅在本家族内颇有声望，在冕宁一带也很有影响力，被视为"善于辞令的尊者"（彝语"德古"）。

20世纪30年代的冕宁彝海地区，主要由果基、罗洪、倮伍三大黑彝家支分片统治，各自拥有自己的势力范围和军事武装。各家支之间经常起争端，形成一种错综复杂的关系。三个家支各自划地而治，而以小叶丹为首领的果基家族所占领的地区正好通向大渡河，地理位置非常重要，是红军通过彝区的最佳战略通道。

"歃血为盟" 千古流芳

中央红军第五次反"围剿"失败后，开始进行战略转移。1935年5月，中央红军长征巧渡金沙江后继续北上，为迅速抢渡大渡河，决定穿越由若干黑彝家支分割统治的四川凉山彝族地区，组建了由刘伯承任司令员、聂荣臻任政治委员的红军先遣队，先行进入彝区，为后续部队开路。

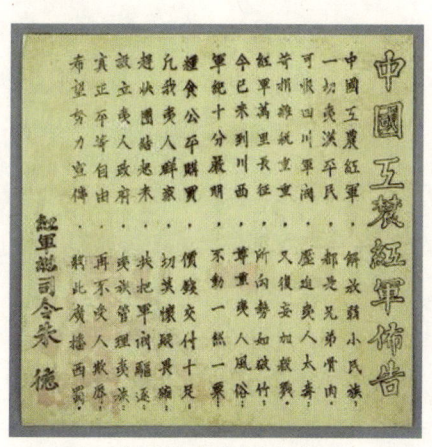

中国工农红军布告

国民党反动政府实行民族压迫政策，聚居在凉山冕宁一带的彝族，对汉人军队普遍不信任，当时的彝族谚语中提到"石头不能当枕头，汉人不能做朋友"。为顺利通过彝区，红军先遣队做了大量的准备工作，调查彝民的风俗习惯，在部队中普遍进行了民族政策教育。

红军团结各民族的政策赢得了许多彝族同胞的支持。但是，红军先遣队来到彝汉杂居的俄瓦垭口一带时，被一队彝民堵住去路。危急时刻，山谷远处有几人策马而来，翻译认出为首的人是果基家支头人小叶丹，便上前交涉，说红军首长要同他谈话，小叶丹欣然同意，并解散了集聚的人群。

会面后，刘伯承向小叶丹介绍了红军的宗旨、任务、纪律以及主张彝汉平等的民族政策，还表示愿与小叶丹结为兄弟。在此之前，小叶丹早就听闻红军不像地方军阀部队那样烧杀抢掠。他环顾四周，看到红军的确军纪严明、士气高昂，加之通过和刘伯承的谈话，他了解了共产党的民族政策，便消除了疑虑，同意结盟。

在冕宁彝海边，刘伯承和小叶丹按照彝族习俗，同饮鸡血酒，对天盟誓："上有天，下有地，我刘伯承与小叶丹今天在海子边结义为兄弟，如有反复，天诛地灭。""我果基约达今日与刘司令员结为兄弟，如有三心二意，同此鸡一样死去。"刘伯承把一些步枪和随身佩带的左轮手枪送给了小叶丹，小叶丹也将自己的坐骑回赠给刘伯承，并且亲自组织彝民护送红军过境。

后来，刘伯承在《回顾长征》中提到："经西昌、泸沽，进入彝族同胞聚居的地方。我们坚定地执行了毛主席规定的民族政策，与沽（果）基族首领结盟修好；并使老伍族中立；对受蒋介石支持利用、不断袭击我们的罗洪族，则反复说明我们是帮助少数民族求解放的。就这样倚仗党的民族政策，顺利地通过了彝族地区，赶到河南岸的安顺场渡口。"

"中国夷民红军沽鸡支队"

临别时，刘伯承授予小叶丹"中国夷民红军沽鸡支队"的旗帜，并赠送了一些武器装备。红军走后，小叶丹信守誓言，在凉山地区打起了红军彝民支队的旗帜，坚持了5年的斗争。

四川地方军阀邓秀廷在反动军阀的支持下，挑拨离间，分化联盟，镇压彝民革命,抓住了红军政委。邓秀廷要追究小叶丹与红军结盟的罪责,小叶丹被迫交出1.2万两白银和120头母羊给邓秀廷作为罚款。虽然倾家荡产,但小叶丹宁死也不愿交出"中国夷民红军沽鸡支队"的队旗。

小叶丹对妻子说:"只有共产党、红军讲民族平等,把我们彝人当人看。这样有信有义的军队一定会回来的,刘伯承这样有信有义的大人物是不会骗人的。万一我死了,你一定要保护好这面旗帜,将来交给刘司令员。"小叶丹将旗帜珍藏在背篓特制的夹层里,遂被国民党逮捕,关押了一年才被释放。

小叶丹的妻子展示"中国夷民红军沽鸡支队"队旗

1942年6月18日,小叶丹和随从前往冕宁大桥镇赴宴时,被国民党收买的当地彝族罗洪部落的人伏击、追杀,小叶丹在突围时被打死,年仅48岁。

"彝海结盟"作为红军长征史上光辉的一页,在中国共产党和人民军队的历史上占有重要地位,已然作为中国共产党执行民族平等、民族团结进步政策的典范,被各族人民不断传诵,而故事的主人公小叶丹则被铭刻在中国革命的史册上。

彝族

彝族是我国西南地区人口较多、分布较广的民族，主要居住于云南省、四川省、贵州省和广西壮族自治区等地。彝族有自己的语言和文字，彝语属汉藏语系藏缅语族彝语支，彝族文字是一种超方言的音节文字，通称老彝文。自然崇拜、图腾崇拜、祖先崇拜和万物有灵的观念普遍存在于彝族群体当中。本民族的祭司"毕摩"、巫师"苏尼"在彝族地区有一定的影响。"十月太阳历"是彝族传统历法，不以月亮盈亏为周期，而是以地球绕太阳为周期，故称"太阳历"。火把节和彝族年是彝族重要的两个节日。火把节是在每年农历的六月二十四日或二十五日。彝族年是彝族辞旧迎新的节日，也是一个祭祖的节日。

韦拔群
为中华民族站起来付出一切的革命先驱

韦拔群是广西东兰人,壮族,曾用名韦秉吉、韦秉乾、韦萃。他于1926年冬加入中国共产党,是卓越的农民运动领导人、百色起义领导人之一、中国工农红军高级将领、中国工农红军第七军和广西右江革命根据地领导者之一。1932年韦拔群被叛徒杀害于广西东兰赏茶洞(现巴马瑶族自治县香刷洞),时年38岁。毛主席和周总理称他为"壮族人民的优秀儿子",2009年韦拔群被评为"100位为新中国成立作出突出贡献的英雄模范人物"之一。

韦拔群

农民革命运动的先驱

1894年韦拔群生在一个富有家庭。他完全可以按照父辈意愿,循规蹈矩读书做官,成家立业,随波逐流逍遥岁月;但他不贪图安逸享乐,不迷恋荣华富贵,从小就立下救国救民的远大志向,甘愿为革命事业赴汤蹈火。

韦拔群早年就读于广西法政学堂。1914年,因不满广西法政学堂的种种陋习，韦拔群愤而退学，前往广东以及长江中下游各省游历。在游历过程中，当地贫苦百姓和少数民族同胞遭受的压迫和剥削让他非常痛心。推翻旧社会，让各族群众都能过上好日子的想法，逐渐在韦拔群心中生根发芽。1916年初，韦拔群在贵州加入讨伐袁世凯的护国军，参加了护国战争，后进入贵州讲武堂学习，毕业后在黔军张毅军部任参谋。1919年五四运动爆发后，韦拔群阅读了《新青年》等进步刊物，接受新的思想，并以"愤不平"为笔名宣传革命思想。1920年经过五四运动洗礼的他决定离开黔军，在广州参加了"改造广西同志会"，并担任该会政治组副组长，积极投入讨伐旧桂系军阀陆荣廷的革命活动。次年韦拔群回到家乡东兰县从事农民革命运动，先后组织了"改造东兰同志会"（后称农民自治会）和"国民自卫军"（后称农民自卫军），并喊出"打破不平""救家乡、救广西、救中国"等口号，激励和带领家乡的壮、汉、瑶等各族贫苦农民起来进行抗争。1925年，韦拔群进入广州农民运动讲习所学习，并领导创办了广西最早的农民运动讲习所。1926年，他领导成立了东兰县革命委员会，并担任主任，同年冬加入中国共产党。

1927年大革命失败后国民党大肆屠杀共产党人，韦拔群仍然在当地坚持武装斗争。"四一二"反革命政变后，广西桂系军阀一方面秘密捕杀共产党人，一方面镇压右江农民运动。在阻击桂系军阀进犯凤山等地的战斗中，韦拔群将战后针对作战情况及今后作战部署都写给了时任第一路军第二团总指挥的黄大权。收到作战指示的黄大权按照部署，与韦拔群等率领的农军相配合，沉重打击了桂系军阀。然而在之后的社更一仗，黄大权阵营战斗失利。

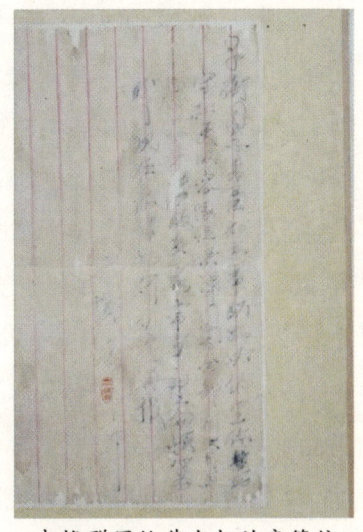

韦拔群写给黄大权的亲笔信

当韦拔群得知消息后，他立即写信给黄大权，鼓励他坚持继续战斗。他在信中写道："子衡同志，来函知道，事既如此，仍望你暂死守社更……望勿灰心为盼。"经岁月洗礼后的信件，字迹虽有点模糊，但字里行间不变的是韦拔群与黄大权两位先烈对革命的坚定信念及对革命同仁的深厚感情。

将生死置之度外的坚定革命者

1929 年 12 月，韦拔群参与领导百色起义，建立了右江革命根据地，任右江苏维埃政府委员、中国工农红军第七军第三纵队司令员。他以全局利益为重，服从党的指挥，将所部 1000 余名精壮官兵补充到即将远征的主力部队，自己仅率百余人留守。红七军主力离开右江革命根据地后，韦拔群在极其艰苦的条件下坚持游击战争。1931 年春始，韦拔群指挥根据地军民，打破了白崇禧对右江革命根据地进行的几次大规模"围剿"。

次年，敌情空前严重，白崇禧坐镇东兰，指挥国民党军近万人，对东兰县西山进行了又一次的大围剿。韦拔群毫不畏惧，从容对敌，国民党军队死伤惨重。白崇禧见军事围剿难以奏效，不断增加兵力的同时，还在革命阵营内部收买意志薄弱者，企图暗杀韦拔群。作为一名坚定的革命者，韦拔群早已将自己的生死置之度外。但令人唏嘘的是，韦拔群一家 20 人，包括他的儿子韦述宗在内的 10 多人惨遭敌人杀害，没有留下一名直系后人。但这些都没有动摇他的革命意志，正如韦拔群自述："革命者要不怕难、不怕死，坚决为人民的利益牺牲自己的一切。"他坚持为革命奋斗到最后一刻。1932 年 10 月 19 日凌晨，韦拔群被叛徒杀害。韦拔群虽然倒下了，但他以鲜血浇灌理想，用生命捍卫革命信仰，构筑起一座不朽的精神丰碑。

革命精神传遍人间

韦拔群遇害后，敌人残忍地将他的头颅拿到广西各地"示众"。韦拔群的头颅在梧州大校场"示众"三天后不知去向。中华人民共和国成立后，有关部门开展了一系列调查工作，积极寻找埋葬韦拔群烈士头颅的地点，直至1962年12月13日，终于在梧州市中山公园明秀苑前发掘出韦拔群烈士的头骨。韦拔群烈士的头骨在梧州出土后，中共梧州市委派专人将头骨护送到南宁，后又送至北京。梧州市则在中山公园建了一座韦拔群烈士纪念馆，纪念这位为革命牺牲一切的农民运动领袖，让红色故事和红色精神代代传承。纪念馆从2000年起闭馆21年，梧州市民一直关注纪念馆何日重开。2021年3月，梧州市重新修缮了韦拔群烈士纪念馆，于6月份完工，并更名为韦拔群烈士事迹陈列馆，以此铭记韦拔群烈士的革命事迹，传承革命精神。

韦拔群的一生是革命的一生、奋斗的一生、英勇的一生。他用自己的生命诠释了对党忠诚、一心为民、追求真理、百折不挠、顾全大局、无私奉献的高贵精神，也不断激励着中华儿女团结一心，共同奋斗。

壮族

壮族旧称僮（zhuàng）族，是我国人口最多的少数民族，主要分布在广西、云南、贵州等地。壮族有自己的语言和文字。壮族主要信仰多神，祭拜祖先，道教、佛教有一定影响。壮族能歌擅唱，有定期举行唱歌山会的风俗，其中以农历三月三最为隆重，后逐渐演化为壮族的传统节日。壮族文学以民间文学为主，其作品题材广泛，内容包含了神话、传说、故事、歌谣等。此外，以棉纱和丝绒织成的壮锦是享有盛名的纺织工艺品，不仅是壮族人民的被服所需，更畅销国内外。

安登榜
从羌族土司到红军战士的选择

电影《红色土司》是我国首部羌族红色革命英雄题材电影,讲述了松潘县镇坪甲竹寺世袭羌族土司安登榜在共产党的民族政策和红军政策感召下毅然率众参加红军的故事。随着影片的上映与热播,革命烈士安登榜的英雄事迹被鲜活地呈现于大众眼前,让人们真切地感受了一段红色史话。

电影《红色土司》海报

神枪手大少爷

1895年3月,安登榜出生在松潘一个羌族世袭土司家庭,为时任土司安兴武与苏式之长子。安登榜自幼敏而好学,且是长子,循例具有袭承父业的资格,深受其父安兴武的宠爱。他从小学习汉文、藏文佛典,10多岁时便能背诵四书五经,且通晓藏文,会讲羌、汉、藏3种语言。

不久后安登榜辍学跟随父亲常住在白草新衙门(现松潘县白羊乡),爱好持枪打靶,练就了打飞禽走兽等活靶子的技能,对爬树串林、风餐露宿打野兽颇感兴趣。后来还派人买回撵山狗。少年安登榜把这些撵山狗视为至宝，早晚亲自配料饲养，经常上山打猎，归来总是获得不少野牲肉皮。他常常对人说："放狗打枪，官都不想当。"当地群众都称他为"神枪手大少爷"。

北川逃亡，投身革命

父亲病逝后，安登榜继任土司，随即被任命为白草区区长。当时，白草区疫病流行，叠溪曾在1933年8月发生过地震，羌民处于水深火热之中。国民党政府不仅不抚慰救援，反以"疏导积水""整理团务"等名目，强征捐税。安登榜知晓羌民艰辛，对上层的胁迫压榨选择敷衍拖延，顶着不办，这自然引起了贪腐官员的不满。不久，安登榜被免去区长职务，随即被迫带上他的儿子安本钦和十几名亲信，去北川亲信家躲避。

安登榜

安登榜的继母安玉清历来与安登榜不和，趁安登榜落难之际，勾结地方土豪诬告安登榜"违抗政令，拐款潜逃"。松潘县府即刻委托安玉清继任区长，并勒令曹钧衡将安登榜捉拿归案。安登榜将儿子安本钦留在岳母家，自己率亲信逃到北川县城（今禹里镇）寻求他父亲的好友、当时的北川县长李国祥求保护，自此安登榜暂住北川。

安登榜的藏身之处终究还是被松潘官兵发现，安登榜只能在亲信的保护下跳窗逃亡。安登榜有家不能回，北川县城也不能再去，便领着他的亲信，想去茂县巴竹寨避难。行到蒙心沟，川军二十八军陶凯部的防哨不准他通过，安登榜决定硬攻过去。双方交火对打了一阵，安登榜被川军击退，撤到北川墩上乡（2019年12月已撤销，行政区归坝底乡）的岭岗半山腰。几日后，红四方面军第四军第十二师先头部队到达此地，击溃了驻墩上的陶凯部，并在追击溃逃的敌军时，发现山上有番兵，便向安登榜宣传共产党的民族政策，动员他们参加红军。

红军部队首长和安登榜讲了红军是为了让穷人翻身得解放，为少数民族同胞谋利益的军队，和少数民族领袖团结起来，消灭国民党军阀和反动派，各族人民才能过上幸福日子等道理。安登榜深明大义，审时度势，毅然决定跟随红军，投身革命。一番波折之后，安登榜在北川墩上岭岗村参加了红军。

游击大队长安登榜

安登榜参加红军后，大家都十分关心和尊重这位出身少数民族上层的羌族指战员，安登榜更是以百倍的热情，夜以继日地积极工作。他发动群众用牛皮、羊皮给红军做皮衣、鞋子，军民之间建立起了深厚的友谊。随着红军在羌民中影响的不断扩大，群众的觉悟逐渐提高，平定关、靖夷堡、镇坪、镇江相继建立了苏维埃政权。

红军进入白羊地区后，安登榜便随红军回到了白羊土司衙门，负责宣传共产党和红军的民族政策，并协助当地建立了苏维埃政权，筹粮筹款。安登榜为红军提供了有关当地民族分布、社会现状、政治组织、军事实力、经济状况、语言习俗等方面的丰富资料，对红军的正确决策起到了重要作用。他还以土司的身份向驻守桦子林的少数民族武装进行宣传，使红军的两个团顺利地翻过了桦子林，解放了土司所属六关及茂北八堡区域。安登榜与妻子安登洁及全家也到了镇坪。因安登榜原是这一带的土司，建立政权和筹粮工作都较顺利。5月底，在松潘与茂县交界处的杨柳沟河坝里召开大会，成立镇坪区苏维埃时，安登榜被红军任命为红军番（羌）民游击大队长，负责宣传和筹粮工作。

安登榜经常带领红军到山寨里宣讲："红军是为我们羌族人民谋解放的队伍，大家不要怕、不要跑，都来帮助红军。"他一面宣传，一面在这些山寨里筹粮，清晨赶着牲口下寨，下午便驮着粮食回来，最后还要负责分配到红军各连队。

英雄遇难毛儿盖

1935年8月初，番（羌）民游击大队奉命前往毛儿盖地区为右路军北上筹粮。安登榜离开镇坪时，和家人一一告别。临行前，他给家人留下一床军用毛毯和一个军用水壶作为纪念，并告诫家人："搞好团结，随时想着红军，万勿听信谣言。我们是有把握打胜仗的，不久就回来。"然后，安登榜骑上他的大白马，带着羌族、藏族、回族、汉族武装200多人，随红军西去。

但不幸的是，在毛儿盖驻扎时，安登榜和他的队员外出，在索花寨附近，中了敌军的埋伏。在来不及撤退时，他毅然决然英勇抵抗，后寡不敌众，英勇牺牲，时年40岁。次日，红军派出游击队和一个连去找寻安登榜一行，在索花寨背后半山上发现——安登榜的头部被砍了一刀，腹部被刺破；红军战士横七竖八地倒在血泊中。大家怀着无比悲痛的心情就地掩埋了安登榜和遇难红军战士的遗体。

八千里羌山留英名，民族忠魂代代传。安登榜是中国近代史上第一个率众参加革命的少数民族领袖人物，他的一生，是光荣而伟大的。红色土司安登榜在北川参加红军的故事已载入中国革命史册，陈列在北川禹里镇的红军长征纪念馆里，他的丰功伟绩在羌乡大地永久传颂。

羌族

羌族被称为"云朵上的民族",主要分布在四川省阿坝藏族羌族自治州的茂县、汶川、理县、松潘、黑水等县以及绵阳市的北川羌族自治县等地。羌族使用的羌语属汉藏语系藏缅语族羌语支,分为北部和南部方言,羌族没有本民族文字,通用汉文。咂酒,是羌族地区流行的一种特殊的饮酒习俗。人们饮咂酒时,先由年长者用羌语致开坛词,意为向神灵祈福,然后依照辈分高低、年龄大小、主客身份顺序,用麦管或竹管吸饮。羌笛是羌族最具特色的民间乐器,演奏时多为独奏,曲调自由,大致分为劳动曲、爱情曲、迎春曲三类。除了春节外,羌历年、祭山会和领歌节也是羌族最有特色的传统节日。

共筑同心圆
中华民族的家国故事

马骏
青春之骏尽显青春之俊

在人民英雄纪念碑的浮雕上，描绘有这样一个场景：在天安门城楼前，一名青年振臂高呼，周围的群众目光坚定地望着他，爱国热情好似被他的话语激发起来。这是为了纪念五四运动爱国青年而设置的，这名振臂高呼的青年就是周恩来总理的革命战友，被周总理亲切地称呼为"马天安"的革命烈士马骏。

马骏

品学兼优的回族才俊

马骏出身于一个较为富裕的回族家庭，从小父亲便教育他要爱自己的祖国、爱自己的同胞。目睹了清政府的衰落和军阀混战后，面对处于水深火热中的人民，马骏更坚定了抵御外侮、振兴中华的信念。在送别赴法国留学的友人时，他写下了这样一首小诗："他日，你带着自由回来，我拿着自由迎你。不然，你就要看着一个坟儿说：'我把它给你带来了，你却为它而死了！'"短短的诗句体现了马骏愿为民族独立与自由誓死奋斗的精神。马骏的一生，处在不断学习与进步的过程中：八岁时进入私塾读书，后转入清真学堂；1912年，考入吉林省立第一中学；1915年夏，进入天津南开学校读书，正是在这里，马骏结识了周恩来、邓颖超等同学；后进入南开大学学习；1925年秋，马骏赴莫斯科中山大学学习。

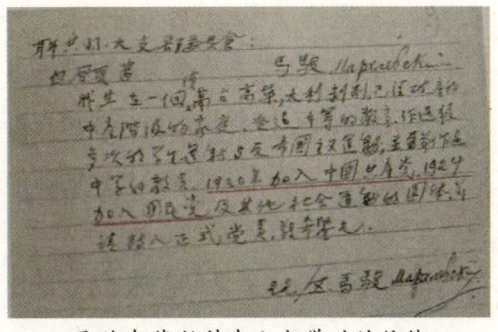

马骏在莫斯科中山大学时的信件

五四运动与觉悟社

1918年，第一次世界大战结束，日本侵略中国的野心不断扩张。在1919年初的巴黎和会上，中国代表团提出的合理要求被拒绝。巴黎和会上中国外交的失败，直接导致了五四运动爆发。五四运动的主要参与群体之一是青年学生，青年马骏便在其中发出了响彻天地的呐喊。因其出色的演讲和组织能力，马骏在天津发动了大批学生，声援北京学生，成为五四运动青年领袖之一。马骏后来被选为"天津学生联合会"的副会长、"天津各界联合会"负责人，领导天津各界开展罢课、罢市、示威游行等活动。1919年6月，马骏被推选为天津各界总代表，赴京向北洋政府请愿，要求拒绝在《凡尔赛和约》上签字。经过艰苦卓绝的斗争，请愿运动取得胜利，中国代表最终没有出席巴黎和会的签字仪式。

他又叫"马天安"，这背后有着一段慷慨激昂的故事。当时在山东，亲日军阀马良为了镇压爱国运动，竟制造了杀害爱国人士、逮捕爱国学生的"山东惨案"。之后，瞿秋白、刘清扬等人因在新华门前请愿皆被逮捕。为了营救这些爱国青年，1919年8月26日，马骏再次进京，却被反动政府军警持刀枪逼迫到天安门前。无数枪口一齐对准马骏的胸口，威胁他解散请愿队伍。他面不改色，说道："同学们，不要怕，我们这次请愿是抱着牺牲的决心而来的，他们是逮不尽爱国青年的，我们爱国无罪，还要坚持奋斗下去！"他一袭长衫，在天安门前坚持了三天三夜，人们因此给他取了个雅号"马天安"。马骏被捕的消息传遍了全国，在全国舆论的压力下，北洋政府释放了请愿代表。经过这次斗争，周恩来总理也亲切地称他为"马天安"。

马骏深知，必须在中国从事新思想的研究与传播工作。五四运动后，他同周恩来进行了详细的商讨。1919年9月16日，周恩来、马骏、邓颖超、郭隆真、刘清扬等20名青年男女在天津成立"觉悟社"，其奋斗目标是"本着反省、实行、持久、奋斗、活泼、愉快、牺牲、创造、批评互助的精神，求适应于'人'的生活——做学生方面的'思想改造'事业"，创办并出版刊物《觉悟》。

中国革命工作的先驱

1921年，马骏加入了中国共产党，成为回族中最早加入中国共产党的一批人。受党组织安排，1922年马骏回到东北开展建党工作，在其家乡创建了吉林第一个党小组，并开始宣传马克思主义思想。1925年，帝国主义制造了"五卅惨案"，马骏得此消息，四处奔走动员，指挥社会各界人士共4000多人进行游行示威。但此时，反动军阀已经盯上了马骏，党组织出于对他的保护，1925年10月派遣马骏到苏联学习。在莫斯科中山大学，马骏系统学习了马列主义基本理论和国际共产主义运动史。1927年，蒋介石发动"四一二"反革命政变，李大钊等同志遇害，党的组织遭到严重打击和破坏。在急剧恶化的形势下，马骏临危受命回到祖国，担任北京市委书记，负责恢复重建北京党组织的工作。马骏将生死置之度外，冒险开展恢复党组织的工作，为打开工作局面做出了重要贡献。

1927年12月，由于叛徒出卖，马骏不幸被捕。任由敌人折磨与诱惑，他绝不屈服，在狱中喊出："叫我不宣传马列主义，不搞革命，这比太阳从西边出来还难！"1928年2月15日，马骏英勇就义，年仅33岁。马骏牺牲后，其遗体被安葬在日坛公园西北角。1945年，马骏被追认为革命烈士。1951年，日坛公园扩建时，在周恩来总理的亲自指导下，于公园西北角修建了马骏烈士墓，并在完工后举行了公祭仪式。10年后，北京市政府划拨专款重修烈士墓，由邓颖超同志亲自题写碑文。近年来，北京市政府和朝阳区政府先后投资200多万元修缮烈士墓，塑造马骏半身铜像，建成马骏纪念馆。

2016年，尘封在莫斯科89年的马骏烈士档案回归祖国，这又为填补马骏烈士事迹与生平工作提供了重要材料。

马骏墓碑

"中国共产党是中国工人阶级的先锋队，同时也是中国人民和中华民族的先锋队"，这句话在马骏烈士身上得到了完美诠释。马骏的传奇人生及光辉业绩，闪耀着爱国主义、民族精神的光芒，播撒着共产主义信仰的种子，蕴含着无穷的感召力量，激励无数后来者纷纷把自己与共产主义联系在一起，孕育了无数为国捐躯的不朽之魂。马骏烈士以自己青春之热血谱写下的动人篇章必将激励后人继续奋斗。

回族

　　回族是我国人口较多的一个少数民族，全国31个省、自治区、直辖市均有分布。宁夏回族自治区是其主要聚居区，占全国回族总人口的近五分之一。回族是回回民族的简称，"回回"最初为他称，后来才演变为自称。当代回族通用汉语，不同地区持不同方言。回族是一个以农业经济为主的民族，却以善于经商而著称。伊斯兰教在回族的形成和发展中始终起着不可忽视的作用，在回族形成后，各地回族一直延续着这一信仰。因此，回族在饮食习惯、服饰装饰以及婚姻、丧葬、节日等习俗上，都有浓厚的伊斯兰教色彩。

何孟雄
久经血与火考验的瑶族革命烈士

"龙华千古仰高风，壮士身亡志未穷，墙外桃花墙里血，一般鲜艳一般红。"这首诗是为了纪念 1931 年 2 月 7 日在上海龙华被国民党反动当局杀害的 24 位革命烈士。在这 24 位烈士之中，有一位来自湖南炎陵的瑶族共产党员——何孟雄。

何孟雄

"出研究室入监狱"

北京大学红楼附近的一隅小院，就是何孟雄等寻找中国出路的先驱者们进行研究、探讨的亢慕义斋（共产主义室）。就像这个小房间里一副对联其中一句写的"出研究室入监狱"一样，进出监狱这样的经历，对何孟雄来说并不少见。

何孟雄早年在长沙求学期间，与毛泽东、蔡和森、邓中夏等交往密切，建立了深厚的革命友谊。1919 年 3 月，何孟雄到北京大学政治系做旁听生，在以《新青年》为代表的新思潮的影响下，他积极投身到五四爱国运动中去，随北京大学的同学一起前往天安门游行集会，参加了火烧赵家楼的行动。随后他报名参加北京大学干事会交际股工作，成了北京大学学生运动的重要骨干，积极营救被捕同学。6月3日，何孟雄在街头演讲时被反动军警逮捕，这是他第一次入监狱，后来经各方营救才得以出狱。

同年底，何孟雄参加了新文化运动倡导者们发起的工读互助活动，组织北京工读互助团第一组12人开办"俭洁食堂"，在这里他结识了缪伯英——中国共产党的第一位女党员。后来二人结为夫妻，一边学习，一边从事党的工作。二人因名字中分别有"英""雄"二字而被同志们亲切地称为"英雄"夫妻。

1920年3月，在李大钊的教导和影响下，何孟雄和邓中夏、缪伯英等一起加入了中国第一个马克思主义学说研究团体——北京大学马克思学说研究会，一起寻找改造当时中国社会的道路。同年5月1日，因组织部分同学上街示威游行，何孟雄再次被反动军警逮捕，直到5月17日才在李大钊等人的出面营救中出狱。同年11月，何孟雄加入北京社会主义青年团和北京共产主义小组，成为一名坚定的马克思主义者。

1921年4月，何孟雄在赴俄途中于满洲里被捕，这是他第三次入狱。3次入狱的何孟雄在监狱的墙上写下"当年小吏陷江州，今日龙江作楚囚。万里投荒阿穆尔，从容莫负少年头"。直到6月，何孟雄才经北京大学保释出狱。出狱回京那天，何孟雄早已蓬发长须、遍体鳞伤，但他的爱国之心和势必找出解救中国社会的道路的决心更加坚定。

1921年7月，中国共产党成立了，何孟雄就是全国最早的50余名党员之一。1921年秋至1925年，何孟雄作为北方党组织和工人运动的重要领导成员，参与发动和领导了京绥铁路工人大罢工等许多重大斗争。

"牺牲"是"英雄"夫妻准备好的结局

大革命失败后，武汉三镇陷入了严重的白色恐怖之中，党中央被迫转为地下活动，根据组织的安排和斗争的需要，何孟雄于1927年10月调回上海，先后任中共江苏省委委员、淮安特委书记、江苏省委常委等职，参与领导了江苏各地党组织的恢复、发展工农运动和开展武装斗争等工作。

由于当时的上海是西方列强和国内反动势力盘根错节之地,斗争环境极其险恶。何孟雄夫妇二人食无定时,居无定所,经常天还没亮就已经出门,到了深夜才归来。一旦遇到紧急情况,他们就要立刻搬家,有时来不及收拾行李,只能舍弃家庭只身脱险。为了防止意外发生,缪伯英曾经多次嘱咐帮着照顾孩子的族兄:"如果我们连续两个晚上没有回来,你们马上搬家,减少不必要的牺牲。""牺牲"是何孟雄和缪伯英自入党时就时刻准备好的人生结局。

1929年对何孟雄来说是充满困难的一年,妻子去世,二人阴阳相隔。1930年9月,由于不同意李立三的"左"倾冒险错误,何孟雄被免除沪中区委书记职务,停止了相关的工作。即使这般,他也没有消沉,而是依然保持着高昂的革命热情,坚持正确的意见和方向,继续对李立三的"左"倾冒险错误进行公开抵制斗争,他说:"只要实质上一切策略改变过来,我个人怎样打击毫无问题,我还要很努力很勇敢为党工作。"

何孟雄、缪伯英夫妇

不畏不惧,英勇就义

为了反对六届四中全会的错误和罗章龙等人的分裂活动,1931年1月中旬,何孟雄、林育南、李求实等人在东方旅社秘密开会,商讨对策。由于叛徒告密,何孟雄等人被国民党和租界当局逮捕,再次入狱。

何孟雄被捕的第二天,被王明定为"右倾机会主义代表"加以批判,并被开除党籍。在狱中，何孟雄尽管遭到了严刑拷打，但他仍然坚定自若，未曾动摇也不曾退缩。他抓紧每分每秒的宝贵时间思索着中国革命和马克思主义理论实践问题，并鼓励狱中的同志积极面对困难。何孟雄在狱中与林育南、李求实联名写信给共产国际，揭露米夫、王明的错误行为，挽救党于危机。

1931年2月，国民党反动派得知何孟雄在党内的艰难处境，企图拉拢他，挑拨他与党的关系，问："你死后，共产党给你什么处分？"对此，何孟雄不为所动，并义正词严地反驳道："革命队伍内部出现了叛徒固然可恨，但叛徒再多，也不能影响革命。今天叛徒出卖了我，明天将有千百个革命的后来人，共产党员死都不怕，还怕什么处分！"何孟雄在敌人面前坚决维护党的团结，表现出对共产主义事业的坚定信念和无限忠诚。

1931年2月7日，何孟雄等23人拖着沉重的铁镣，英勇就义。他们被国民党反动派秘密集体枪杀于上海龙华监狱刑场的荒地上。这一年，何孟雄也只有33岁。

革命的颜色永不变，诉说的初心永不改。何孟雄和缪伯英为党和国家做出的牺牲，将永远被大家铭记在心。他们用自己的鲜血换来了后世人的美好幸福生活，用自己对国家的热爱和年轻的生命书写了不平凡的一生！

瑶族

瑶族是中国华南地区分布最广的少数民族,主要分布在我国南方广西、湖南、广东、云南、贵州和四川等地。瑶族有本民族的语言,属汉藏语系苗瑶语族瑶语支。瑶族男女喜蓄长发,服装主要用青、蓝土布制作。瑶族是个山居民族,其村落大多位于海拔1000米左右的高山密林中,一般建在山顶、半山腰或山脚溪畔。瑶族节日丰富多样,其中最为盛大的节日当属"盘王节",节日时间为每年的农历十月十六日。每逢"盘王节",瑶族村寨房舍要打扫干净,男女老幼要梳妆打扮,换上节日盛装,载歌载舞,尽欢而散。

胡玉堂
"愿断头颅,不愿为英帝之牛马"的阿佤爱国心

学外技以救国

胡玉堂是云南沧源的佤族人。在年少的时候,他看到族里人仍旧用着原始的劳动工具,作战的兵器也是弓箭和刀剑之类的冷兵器,内心深处不由自主充满了忧虑。他听说国外的科技非常先进,用的武器也比族人的先进许多。如果一直如此落后,总有一天侵略者找到时机,一定会来攻打族人。

胡玉堂

胡玉堂认为自己应当到海外学习本事,再回来帮助自己的国家和族人,于是他出发到国外学习知识。当游历到缅甸的腊戌、滚弄和瓦城(曼德勒)一带时,胡玉堂见到侵略者的军队踏过缅甸的许多地方,当地百姓苦不堪言,这使他很早就意识到英国人蚕食中国疆土的险恶企图。回到佤山后,他把学到的知识和技术传授给族人,族人这才明白外面的世界已经发生了翻天覆地的变化。他还建议并帮助父亲昆翁组建了一支30人的常备武装自卫队,每天加强训练,并教他们熟练使用各种武器,用以随时还击入侵的英国人。

后来，他的哥哥昆鄂不幸早逝。胡玉堂继任班老王。1934年初，200多名英国士兵武装强占了"葫芦王地"的银厂要地炉房。消息传开后，整个阿佤山区愤怒了。佤族人民发誓：不把英国人赶走绝不罢休。

英勇抗击英军侵略

1934年2月8日，英军向班老地区发动了猛烈进攻。胡玉堂、保卫国、胡忠汉三人指挥民族武装力量奋起还击。不久，英军用燃烧弹把班老寨炸成了一片火海。经过佤族各部落军事首领的精心谋划，佤族武装联起手来向英国侵略军发起了反击。保卫国负责火烧龙头山英军营寨，以其人之道还治其人之身。英军指挥官温单和手下的英军狼狈不堪地丢弃了营寨，撤向芒相的据点。

没料到，胡玉堂和金勐又在南滚河畔设下了天罗地网。英军一进伏击圈，四周丛林万箭齐发，弹如山呼海啸般当头砸下。英军措手不及，被打得尸横遍野、血流成河。英军指挥官温单虽然侥幸逃脱，但回到据点后却因失血过多而一命呜呼。南滚河一战，佤族武装出奇制胜，第一次用原始武器沉重地打击了英国侵略军。面对英国侵略者的再次侵占，佤族人民没有退缩，他们拿起长矛、弓弩英勇反抗入侵，战斗持续了4个多月，虽然取得了胜利，但44位佤族英雄儿女也因此献出了宝贵的生命。

坚决维护祖国完整

1935年7月，中英两国政府共勘滇缅边界。为维护祖国利益，以班洪王为首的各部落爱国首领自发组成了"佧佤十七王民族自决会"。十七王即班洪王、敢赛王、蛮国王、塔田王、绍信王、巩众王、上公基王、下公基王、业烈王、戛希王、南抗武王、木烈王、户勐王、布德王、班弄王、莫弄王、班况王。曾被英缅当局笼络收买的班况、班弄等部落王也加入了"自决会"。

1935年12月1日至1936年4月8日，第一次勘界期间，十七王利用他们世居葫芦王地，熟悉该地的地理、历史、政治诸因素的优势，携带搜集到的历代中国政府颁发的印信、公文、委任状等大量证据,主动出席作证,向联合会勘委员会请愿,控诉英国人的侵略行径。胡玉堂在会勘会议上慷慨陈词,拿出大量确凿的物证向英国人证明:滚弄江以东地区自古以来就是中国的领土。然而中方委员梁宇皋因为接受了英国人的重金贿赂,竟一手遮天地放弃了滚弄江以东的国土。得知这个消息的阿佤山人民再次愤怒了!阿佤山十七部落王联合起来发布了《佧佤十七王敬告祖国同胞书》,发誓"誓断头颅,不失守土之责;誓洒热血,不作英殖之奴",展示出阿佤山人民坚决维护祖国领土完整的决心。

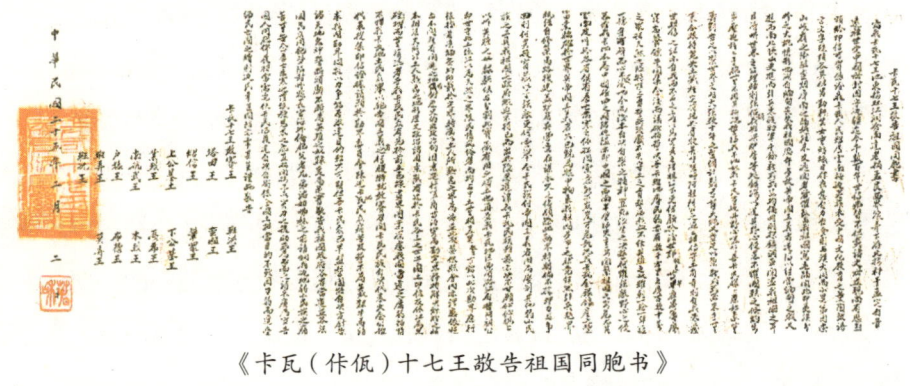

《卡瓦(佧佤)十七王敬告祖国同胞书》

1935年12月1日至1936年4月8日,中缅界务会勘期间第一次上界时,共召开会议67次,中方证人有罕裕卿、宋国梁、罕华相及班洪、班老、塔田、蛮国、勐茅等地方头人20余人,英方证人有马美廷、宋中福、小麻哈等10余人。1937年1月2日第二次上界时,先后召开会议49次,中方证人20余人,英方则没有人证。这次勘界,历时近两年,先后两次上界。由于佤族各王的积极参与,中方提供的人证、物证都难以辩驳,充分占公理。但由于当时民族危机空前严重,国民党政府的软弱无能,中方首席委员梁宇皋的卖国行为,英方委员的奸诈狡赖、阴谋诡计,加之仲裁委员伊斯林的偏袒,佤族同胞"以潞江(怒江)为天然界限划归中国"的心愿付诸东流。

1941年6月18日,国民党政府为了得到"盟国"对抗日战争的支持援助,通过外交换文的方式,与英国政府签订了边界协议,这条界线称为"一九四一年线"。根据这条线,中国领土遭受巨大损失。但这条线尚未彻底勘定,太平洋战争便爆发了,沿边佤族人民拒不承认"一九四一年线",因此,滇缅南段边界仍作为未定界拖了下来。

1948年1月4日,缅甸独立。1949年10月1日,中华人民共和国成立。中缅两国在和平共处五项原则指导下着手协商边界问题,先后在1957年7月和1959年6月进行商谈,取得一致性意见。1960年10月1日,中缅两国签订了《中华人民共和国和缅甸联邦边界条约》。班洪、班老部落被"一九四一年线"划归给英属殖民地的领土终于完全回归祖国怀抱。这对胡玉堂来说,是一个令他感到由衷欣慰的喜讯,他一直奋斗的事业终于有了完美的结果。

时光荏苒,但那些人和他们创造的故事不会被遗忘。胡玉堂的后人胡志辉说:"我们一直坚守着'佤族汉族是一家,九老九代不丢伴'的族训,作为一名共产党员,我感谢共产党带领我们从贫穷走到了富裕,我们不会忘记共产党的恩泽。"没有共产党就没有新中国,没有各族人民的支持就没有今天的繁荣昌盛。了不起的民族英雄离开了人世,但他忠贞不阿的赤子精神,受到了党和人民的高度赞扬,英雄事迹将永远传扬。

佤族

佤族是云南省的少数民族,是一个跨境民族,主要分布在中国澜沧江南段以西和缅甸萨尔温江以东之间。佤语属南亚语系孟－高棉语族佤德昂语支。1957年国家制订了以拉丁字母为基础的新佤文,并得到广泛应用。佤族的民族节日多源于围绕农业生产所形成的敬神祈福性祭祀活动,包括新火节、新米节等。佤族所使用的乐器木鼓是佤族的象征和佤寨的标志,现在也成为文娱活动的打击乐器。佤族著名的沧源崖画,历史可追溯至3000年前,描绘了古人狩猎、舞蹈、劳动、生活和祭祀的场景,与佤族的历史习俗关系密切。佤族最著名的传统民间舞蹈是木鼓舞和甩发舞,于2006年被列入云南省第一批非物质文化遗产保护名录。佤族木鼓舞还被列入第一批国家级非物质文化遗产名录。

余有福
傈僳精英,抗日英雄

1942年5月,进入缅甸抗日的中国远征军作战失利后,日本侵略者企图渡过怒江,占领昆明、重庆,以实现其南北会合、灭亡中国的阴谋。因此,云南由中国抗战的战略后方瞬间成了生死攸关的抗战前线。在中华民族的危难面前,傈僳族人民与云南当地各族人民一道,以各种方式投入抗日救国的反侵略斗争中,用生命和鲜血写下了爱国主义的历史篇章,为抗日战争做出了不可磨灭的贡献,其中,余有福就是杰出的代表之一。

动员族人积极投身革命

1942年5月,日军开始入侵潞西(芒市)、龙陵等地,逐渐打破了傈僳山寨的宁静。他们将木城坡、新寨河等村寨一把火烧尽,烧杀抢掠无所不为。日军的行为激起了当地无数群众的愤慨。

从武汉参加军校学员比武大赛回家的余有福听到日军进犯的消息后,立即在木城坡召开族人大会,并说道:"这怒江边半山以上自古以来就是我们傈僳族的地盘,现在日本人要来抢占,我们是绝不答应的。为了保住我们的家园,为了我们民族的安全,我们必须抓紧做好准备,敌人来了就叫他们尝尝我们傈僳毒弩箭的厉害。我们傈僳族虽然天生剽悍勇猛,但一般是不能用毒弩箭伤人的,但是现在我们要禀告神灵,祭祀祖先,用它来对付日本鬼子的火药枪。各家各户现在都要一齐削箭制弩，并采药制作'见血封喉'的毒药'弩箭散'涂裹箭尖。"在余有福的号召下，族中的不少青壮年加入了他的队伍。

随着形势的日渐严峻，日军的活动变得越来越频繁，为了更好地保卫家园，余有福抓紧时间训练寨子里的青壮年们，要求他们在制

傈僳族人使用的毒弩箭

作毒弩箭的同时不断练习拉弩弦练臂力，以便通过增大弩箭的力道来延长发射的距离和提高命中率。

此时，勐戛镇大新寨人杨思敬正在组织潞西抗日救亡团，又正值龙潞游击队扩充军队，司令朱嘉锡听闻余有福有在宪兵学校学习的经历，遂派第一大队中队长前往木城坡动员余有福。本就有一腔热血的余有福，在听得中队长动员自己加入游击队后，二话不说就同意了。

在余有福的积极动员下，木城坡当即就有40多名傈僳族青壮年携带几支铜炮枪和大量的弩箭，参加了龙潞游击队。后来，杨思敬将慕名而来的傈僳族青年编在一起，单独列为"傈僳中队"，余有福担任中队队长。

带领傈僳中队抗击日寇

傈僳中队组建初期，相较于游击队的其他武装，武器只有几支从民间收集来的步枪和火枪，"人比枪多，枪比子弹多"。但是骁勇善战的队员们凭借着抗战的热情、对当地地形的熟悉以及自幼练就的搬硬弩、百步穿杨、箭无虚发的本领，狠狠打击了过往来犯之敌。由于所在的木城坡属于日军从遮放到平达的必经之地，傈僳中队便充分利用周边环境的掩护，避免与日军正面作战。他们在日军经过的路上布下弩箭，箭头染上毒药，巧设地弩、陷阱、野蜂窝等奇

袭敌人，使日军防不胜防，吃尽了苦头。

傈僳中队留影

傈僳中队曾经先后数十次与日军作战，并配合龙潞游击队在平达附近打过三场硬仗。在一次围点打援的战斗中，一队日军被友邻游击队围困在平达的一个山洞里，余有福受命率部在平河阻击增援的日军。在阻击的过程中，傈僳中队始终坚守阵地，迫使100多名日军绕道而行，不能及时增援。尽管因为弹药不足牺牲了10多名队员，但为打击日寇做出了巨大的贡献。

因为傈僳族的勇敢和顽强，遭遇袭击的日军恼羞成怒，集中了大量的兵力报复傈僳中队。后来，他们将傈僳人居住的小平河、木城坡一带房屋全部烧光。面对居住的家园被焚烧殆尽，傈僳中队的队员们丝毫没有退却。他们同仇敌忾，仍然依托有利地形与日军周旋，直至滇西大反攻为止，傈僳中队用见血封喉的毒弩箭让日军心惊胆寒，望而却步，为全面作战的胜利做出了贡献。

全力支援中国远征军

中国远征军远征印缅抗战期间，在敌后游击战争中也有傈僳中队抗击日军的身影。1944年1月，余有福率领的傈僳中队归入远征军第二十集团军，后奔赴缅北战场。1944年5月11日，中国远征军开始渡江大反攻，而缅北方面中美联军也于 4 月底奇袭密支那。尽管史迪威将军奇袭密支那的计划打乱了日军原有的部署，但由于良好开局之后的轻敌和美军前线指挥官的指挥不力，缅甸和滇西的日军迅速增援，密支那战役的局势演变成旷日持久的攻坚战。

当密支那战场呈胶着状态，在盈江铜壁关至陇川户撒深山老林游击的傈僳中队奉命率队增援密支那。在滇西远征军强渡怒江后，余有福率领的傈僳中队在血与火的考验中捍卫了民族的尊严，积极配合中美联军及特种部队的正面进攻，顺利攻下了缅北重镇密支那。随后余有福率队相继参加了八莫战役、南坎战役，为后来收复平达、勐戛、遮放和畹町做出了贡献。

滇缅中国两支远征军胜利会师后，木城坡再次恢复了昔日的宁静，余有福也返回了家乡。回乡后，余有福担任保长一年，后被聘为蒋家土司自卫中队队长，随后又辗转回到木城坡，靠教书为生。病故于缅甸。

对于傈僳族人民而言，无论是在抗英、抗日期间积极抵御外敌的爱国斗争中，还是在中华人民共和国成立后固边守边的默默坚守中，都表现出了强烈的爱国主义精神和国家认同，都参与了铸牢中华民族共同体意识的伟大实践。至今，余有福的传奇故事仍在滇缅边境不断被传颂，中华民族一家亲的情感也在故事的传递中不断升华。

傈僳族

  傈僳族主要聚居于云南怒江傈僳族自治州和迪庆藏族自治州维西傈僳族自治县等地。傈僳族语言属汉藏语系藏缅语族彝语支,有怒江方言和禄劝方言两种。傈僳族先后使用过三种文字,现在通用的为老傈僳文。由于傈僳族居住的大多为高山峡谷区,其在长期的生活实践中发明创造了各种各样的生产工具,并获得了适应环境、改造自然的技能与本领,弩弓与毒箭便是其中的代表。傈僳族的节日主要有阔时节、刀杆节、收获节、澡塘会等,其中阔时节是傈僳族富有特色的节日。此外,傈僳族有自己的历法,根据自然环境、动植物及气候特征将农时节令分成了十个月份,被称为"花鸟历法"。

高玉柱
纳西才女,抗日英杰

高玉柱

高玉柱是北胜州(今永胜县)最后一名世袭土司高长钦之女,自幼才智超群,能诗善画,犹豪杰大气,不让须眉;不以女红为要,不以情爱说愁,心系家国天下。20世纪30年代她曾通过发表演讲、撰写文章等宣传西南少数民族的情况,为争取国民政府对西南边疆的重视和支持做出了重要贡献。抗战全面爆发后,高玉柱出任国民政府"西南边疆宣慰团少将团长"一职,负责对云南、贵州、广西、西康四省土司、头人和少数民族做工作,一致御侮,多有成效。由于条件艰苦,工作劳累,高玉柱于1942年不幸染病,病故于滇南,年仅36岁,终生未嫁。

闺中俊杰,少年壮志

1906年,在西南边陲的永胜县,一名女婴呱呱坠地,父亲为她起了个颇有气魄的名字——玉柱,字擎宇。高玉柱天资聪颖,高长钦认定她是个不同寻常的女儿,让她接受最好的教育,请来永北最好的老师在家里设了私塾教授。

高玉柱不但经史子集倒背如流,且能诗善画,跃马猎射样样精通,年方二八便已闻名滇西，时人赞其为"闺中俊杰"。永胜当地至今还流传着许多高玉柱对联作赋的才情佳话，其中以她妙联婉拒提亲的故事最为传奇。当时云南省主席龙云听闻高玉柱"滇西才女"的美名及土司世家出身，命其子龙绳祖带兵至永胜求聘。高玉柱不为所动又不敢明言得罪，于是假意邀请龙公子到观音箐游览，途中移步成对，以"观音箐，庆观音，观山观水观世音；龙王庙，妙龙王，龙子龙孙龙父王"的对联暗讽并婉拒提亲。龙绳祖大为尴尬，拂袖而去，再无求娶之心。由此看出，高玉柱才华过人，不慕权贵，绝非池中之物。

高玉柱在云南省图书馆做管理员期间，一边工作，一边自学，阅读了大量进步书籍。1933年后，全国要求抗日救国、收回东北四省的呼声日渐强烈，高玉柱作为一名热血沸腾的有志青年，怀着强烈的报国热情投入抗日救国的行列中，在昆明的报刊上发表了大量抗日救国的文章，引起了不小的反响。

奔走金陵，为西南少数民族请愿

与国民党元老吴稚晖的偶然相识，成为高玉柱离开云南施展抱负的人生转折点。在云南省图书馆工作时，高玉柱结识了闲暇时来此读书的吴稚晖。吴稚晖得知高玉柱不同寻常的家庭背景，又深感她谈吐不凡、才思敏捷，便把这位莫逆之交带回南京，并推荐其在国民政府任职，担任西南少数民族驻京代表，同时兼任教育部编审。

自滇赴宁后，高玉柱深感西南与内地的巨大差异，愈发意识到开发西南地区、推动西南发展的重要性。20世纪30年代的西南地区发展远远落后于其他地区，加上英、法等帝国主义势力对云南、西藏等地的渗透和侵占，整个西南地区内忧外患，危机四伏。1936年到1937年，高玉柱以世袭云南北胜土司和西南少数民族代表的身份，联合丽江纳西族人喻杰才等撰写了《西南沿边土司夷苗民众代表请愿意见书》呈交南京政府。

南京市政府欢迎高玉柱演讲留影

请愿伊始,官方媒体持续正面报道,行政院、教育部等相继接待,蒋介石也通过军委会代表告知:"对于此项问题,颇为重视。"在向政府请愿的同时,高、喻二人还收到宁、沪各大院校和文化团体就西南少数民族问题做专题演讲的邀请。他们出席活动、接受采访、召开记者会,所到之处,皆受到高度关注,引起了很大反响。特别是1937年2月高玉柱抵达上海后,以神秘的西南女土司形象和为民请命的女侠角色,再加上她出色的演讲才华与社交能力,掀起了一股高氏旋风。当时的《妇女月报》称其"差不多已经成为举国皆知和举国瞩目的一位闻人了"。

就任边疆宣慰团团长,为抗日救国宣传动员

抗日战争全面爆发后,国民政府需团结一切力量,特别是西南地区的广大少数民族群众,一致抗日。经考虑权衡,国民政府决定委派高玉柱负责西南地区的宣传发动工作。高玉柱作为土司后人在南京任职,既了解政策,又熟悉地方情况,且数次上书请愿,拥有较高的知名度和较大的影响力,是担此重任的最佳人选。

1942年春,高玉柱临危受命,被任命为国民政府边疆宣慰团团长。边疆宣慰团的任务是奔赴云南、贵州、广西、西康四省的少数民族地区,对土司及民族头人进行抗日救国的宣传动员工作。一路上高玉柱发表演讲、探访百姓，对沿途各地土司及族人开展宣慰工作，号召大家团结抗日、出兵出钱。此番宣慰，成效显著。为了更好地向边疆民众宣传抗日，高玉柱不顾交通不便和战局动荡，率团深入战火蔓延的滇南地区。他们在烽火连天的战区，继续开展宣慰工作，动员各族民众踊跃参军，支援前线，极大鼓舞了边疆民众的抗日斗志。

高玉柱在签名

夜以继日、不眠不休的工作和跋山涉水、风餐露宿的劳顿，使高玉柱的身体日渐虚弱。1942年9月，她在中越边境金平县宣慰时，突染疾病，未能治愈，以身殉国，时年36岁。高玉柱去世的消息传到重庆后，引起很大震动。许多她曾经的同事、朋友在报刊上发表悼文，表达对她的哀思和崇敬，表示她的去世是妇女工作一个不小的损失。

高玉柱出身名门，少怀壮志，为民族发展奔走请愿，为拯救国家玉殒边疆，是战乱年代绽放的一朵西南民族之花。她为西南少数民族争取参政权利和为民族平等做出了重要贡献，为宣传动员各族群众抗日救国光荣殉职。高玉柱虽在36岁风华正茂之时英年早逝，但她用短暂而灿烂的一生完成了自己"铁血三千洒桃花，英雄半属女儿家"的报国誓言，书写了可歌可泣的爱国大义。

纳西族

纳西族大部分分布于我国云南省丽江市。纳西族有语言和文字，纳西语属汉藏语系藏缅语族彝语支。七星披肩是纳西族最具特色的服饰。祭天是纳西族东巴教最大的仪式之一，也是纳西族民间最大的传统节日，在正月间举行。《东巴经》是纳西族宝贵的古文献资料，多用东巴文写成，少数用哥巴文抄写，除宗教外，还有历史传说、文学艺术、风尚习俗、天文历法等内容，堪称"纳西先民古代社会生活的百科全书"。《东巴经》中被誉为国宝的东巴舞谱《磋姆》，用象形文字记录了东巴举行仪式时所跳的纳西族古代舞蹈，它不仅是国内少数民族古文字中迄今仅见的舞谱专著，也是世界上用文字记录的最早的舞谱之一。

许亨植
青峰岭下埋英魂,血沃少陵名永存

许亨植是东北抗日联军的高级指挥员,又名李熙山、李三龙。在"九一八"事变爆发后,他到宾县、汤原、珠河(今尚志)等地发动群众,组织抗日游击队,领导反日斗争。1938年秋,许亨植调任第三军新编三师师长,后在松嫩平原开展抗日游击战,同时大力发动群众,建立了许多抗日救国组织,积蓄了新的抗日力量。1942年8月3日,时任东北抗日联军第三路军总参谋长兼第三军军长的许亨植在庆城(今黑龙江庆安)青峰岭与日军作战时英勇牺牲,时年33岁。

许亨植

恰逢少年,英雄全心投身革命

许亨植出生在朝鲜庆尚北道善山郡,他的曾祖父是李王朝的贵族,但是日本帝国主义的侵略和李王朝的腐败无能,导致国势衰微,家境也逐渐没落。到了李亨植出生之时,他的一家只能靠祖父和父亲种地维持生计了。在14岁那年,他们举家搬到了辽宁开原李家台子居住。李亨植的少年时代是在动乱漂泊、贫困劳苦中度过的。

1929年许亨植来到哈尔滨附近的宾县开始从事革命活动，他自觉接受党的领导，忠实可靠，多次出色完成任务。次年，许亨植因表现优秀加入中国共产党，但在不久后因参加反日大游行被捕入狱。经过党组织的多次营救，直到"九一八"事变后，饱受牢狱之灾的他才和其他同志一起被释放出狱。许亨植返回宾县后立即深入开展群众工作，广泛地进行抗日宣传，在乌河、枷板站（今宾县东北宾安镇）等地组织了农民反日会和自卫队，动员许多青年参加反日义勇军，并到反日部队中进行慰问宣传，激励并鼓舞战士们的抗日斗志。日军占领哈尔滨后，便开始进攻宾县一带义勇军。许亨植冒着危险，秘密组织武装，处置敌探和汉奸走狗，保护了党的组织。

参军入伍，闪耀之星冉冉升起

1934年我军以珠河游击队为基础吸收一部分义勇军和反日山林队，正式编成东北反日游击队哈东支队，下设3个纵队。根据县委指示，许亨植调派到哈东支队任政治指导员兼第一大队队长，率部参与创建珠河抗日游击区。次年1月，根据满洲省委指示，以哈东支队为基础，吸收地方青年义勇军编成了东北人民革命军第三军，下设3个团，许亨植被提升为第二团团长。

1936年9月18日，珠河、汤原中心县委和三、六军党委，在汤原附近帽儿山召开了联席会议，讨论了政治、军事和组织方面的重大问题，成立了北满临时省委。许亨植被选为省委执行委员，并调任三军一师政治部主任。会后，三军为粉碎敌人对汤原根据地的"围剿"，提出了远征铁力、海伦的计划。9月底，许亨植根据三军司令部指示，率领先遣队200余人，从汤原出发经东兴、庆城到达铁力附近，在这里开展群众工作，并为主力部队准备给养。

许亨植率先遣队留在铁力开展游击活动，以配合主力部队。他们在北满的林海雪原中，冒着零下40多摄氏度的严寒，趴在刺骨的雪地上，把敌人引入小兴安岭的密林中。许亨植率队到孙灵阁山时，与装备精良、有500多人的"讨伐队"相遇。在敌众我寡的情况下，许亨植利用有利地形，沉着勇敢地指挥队伍与敌激战，打死日军80余人，缴获轻机枪一挺，马30多匹，击毁重机枪一挺、炮一门。战后，他率队迅速安全转移到铁力境内休整，随后，又机智地破坏了敌人警察据点两处。

东北抗联第三路军总指挥部遗址

血沃少陵，英雄永存人民心中

许亨植在艰苦卓绝的抗日斗争年代，在弹雨横飞的岁月里，骑马横枪、东冲西杀、果断指挥、顽强战斗，使日寇闻风丧胆。但长期的艰苦生活和频繁的战斗，也使得许亨植身体十分虚弱，特别是在1934年珠河战役中受伤失明的右眼，会时不时隐隐作痛，但他从未放弃和停止工作，经常冒着危险来往部队活动的各个地区，检查指导工作。

1942年末，许亨植带着警卫员陈云祥到巴彦、东兴、木兰一带检查工作。在完成调查准备向上级汇报时，敌人的"讨伐队"开始搜山围剿，情况越来越紧迫。许亨植在几名战士和警卫员的掩护下准备前往铁力总指挥部，他们在深山老林里摸爬滚打了一整天，才行进了20多里地。直至天黑，他们才到达东兴北部的青峰岭、少陵河上游处歇脚，许亨植也借着休息跟几名战士讲起了自己对抗战胜利的期盼和对未来生活的憧憬。

次日凌晨，许亨植一行被搜山的敌人发现，这些伪军将他们团团围住，却只是叫嚣着，谁也不敢冒死上前。许亨植沉着地指挥两名战士与敌人周旋，受伤的大腿让许亨植感觉自己很难活着走出去了，于是他命令两名战士先走，自己掩护。两名战士不愿离开，要保护许亨植到最后一刻。随着敌人火力加强，其中一名战士中枪倒下。许亨植忍着疼痛让另外一名战士快撤，并将敌人的火力全部吸引到自己的方向。一阵扫射后，许亨植倒在草丛中。当敌人以为一切都结束了的时候，许亨植站了起来！他扶着树干，怒视着敌人，用力打光手枪中最后一颗子弹。最终，许亨植死在了敌人万恶的枪口下，用鲜血浇灌了少陵河畔的青松。

　　青峰岭下埋英魂，血沃少陵名永存。许亨植把自己一生的时光奉献给了革命，奉献给了抗日，奉献给了祖国。他用鲜血染红了被日军残暴的阴影笼罩的东北大地，用行动帮助党、帮助人民抗击日寇。为了中国革命事业、人民解放事业，他始终秉持着一颗赤子之心，为他热爱的土地，拼尽生命。

朝鲜族

朝鲜族主要分布在吉林、黑龙江、辽宁,最大的聚居区是吉林省延边朝鲜族自治州。改革开放后,随着中国经济的迅速发展,越来越多的朝鲜族人口由传统居住地东北三省迁往京津地区、黄河下游、长江下游、珠江下游等地。朝鲜族有本民族的语言和文字,我国朝鲜族现在使用的语言文字被称为朝鲜语和朝鲜文。朝鲜族一般喜着白衣素服,显示出喜爱清净朴素的特性,故有"白衣民族"之称。同时他们非常重视家庭礼仪,自出生到丧亡都有许多礼仪相伴。在朝鲜族岁时节日中伴有许多竞技游戏,如摔跤、秋千和跳板等,如今已成为朝鲜族的传统体育项目。长鼓舞则是朝鲜族比较著名的传统舞蹈之一。

雷永通
来自畲族的开国少将

雷永通出生于江西兴国,是一名畲族子弟。他12岁加入共青团,14岁参加中国工农红军,在1934年正式加入了中国共产党。雷永通曾任红军前敌指挥部电台报务主任、军委第三处处长、中国人民解放军海军政治部组织部部长等职。1955年被授予少将军衔,还曾获二级八一勋章、二级独立自由勋章、一级解放勋章。

雷永通

足智多谋的儿童团团长

中国共产党自成立起就坚决反对纵毒政策。土地革命时期,红军和苏区政府严格执行禁毒政策,在《赣东北特区苏维埃暂行刑律》中将输入、制造、贩卖、吸食鸦片烟,或者以贩卖为目的而持有鸦片烟的行为定为"鸦片烟罪",并列入刑法。

雷永通幼时虽入私塾读书两年,但因家境贫困失学,流落商店当学徒。在此期间,兴国县的儿童团积极响应抓烟鬼、挖赌徒的行动,雷永通作为儿童团一员常借外出闲逛玩耍或帮商店做工的机会暗中踩点。

某次,他路过"瘾君子"魏岳生家时,透过门板缝隙飘出的缕缕白烟引起了他的注意。他贴近一听,门板后此起彼伏的欢闹声让他更加确定这正是一窝端烟鬼子们的好时机。为了不贸然闯入打草惊蛇,雷永通急中生智,赶忙召集团员埋伏在魏岳生家门口。他则一脸痛苦,手撑肚子,颤颤巍巍地走到烟鬼子家门口"咚咚咚"地拍门板,还未等门开便不停地"哎哟哎哟"喊疼,大声嚷嚷:"我肚子疼得要死,求您行行好,快给我点烟片止疼吧!"魏岳生看他疼得真切,头上直冒汗,犹豫片刻便命令他等在门口转身准备去取烟片。雷永通一挥手,儿童团团员们蜂拥闯入门内,一举抓获了还沉醉在吞云吐雾中的一帮烟鬼子们。

长征路上的红灯笼

1932年雷永通加入中国工农红军,因精明能干受到上级器重,被任命为儿童团团长。担任团长期间,雷永通踏实可靠、聪明好学,加入红军不到一年就被派往中央军委无线电学校(今西安电子科技大学)学习。

雷永通在学习、使用无线电设备

到了1933年,雷永通任中央苏维埃政府报务员、红军前敌指挥部电台报务主任,一年后进入军委二局,成为三科科员负责情报侦收工作,后任职军委二局电台台长、股长。他还参加了中央苏区第四、第五次反"围剿"和二万五千里长征,在毛主席和周副主席身边工作了整整12年。雷永通来自兴国,又因年龄小,被毛主席亲切地称为"兴国矮子"。

在前线,雷永通作为报务员需要背着沉重的电台随军行动。为了保证主席能第一时间掌握敌军情报,部队驻扎后的整顿休息时间,就是他们争分夺秒架设电线,接通电台获取无线电讯号的关键时刻。

有一年12月12日夜间,雷永通和战友们截获了一封关于国民党军截击红军行动部署命令的密电。根据该封情报,指挥部紧急调整了行军路线,在危急时刻第一时间决定兵转贵州，甩十几万的敌军在湘西，使红军化险为夷。长征途中，红军从国民党军队的处处围剿和拦路堵截中脱身且最终得胜，得益于以毛主席为核心的领导体制及其卓越领导，但也离不开像军委二局这样一支由从事无线电技术侦查的精兵强将组成的"千里眼、顺风耳"。正如毛主席所言，二局是"走夜路的灯笼"，大家是打着这个灯笼长征的。

军委二局全体工作人员合影

毛主席未忘的"兴国矮子"

革命战争时期，红军当日的行军和战斗信息通常在部队驻扎后经各级汇集至指挥部。为了保证次日命令的及时性、有效性，毛主席、周副主席和朱总司令会连夜分析战况做出部署，白天借助担架在行军途中简单休息。

1935年6月初，中央军委在向四川天全行进时，被敌方6架在低空盘旋搜索的军机发现，一时间炮弹如冰雹般砸下，炸出一朵朵混着泥土、血液和碎片的火花。战士们分散躲避，却依然避不开俯冲炮弹的连续扫射。

危急关头，已在飞夺泸定桥时身负重伤的雷永通立即用身子压住电台，用自己的生命保护了来之不易的通信设备。结果他的小腿被弹片狠狠击中，炸开了一个皮开肉绽、可见白骨的洞，鲜血不断淌出。毛主席知道后马上把自己的担架让给了行动不便的雷永通使用，还命令身边的卫生员为其处理、包扎伤口。

雷永通生怕影响毛主席休息，焦急地拒绝："这是主席用来休息的担架，我不能用！"毛主席听后严肃地摆摆手说："你腿上负这么重的伤，一定要用担架，这是命令！"后来伤口愈合得差不多，雷永通才得以将担架归还给毛主席。过草地时，为了防止他腿部的伤病复发，周副主席又将自己平日所乘的骡马让给他骑。

时隔多年后，毛主席在出席一场军队会议并接见干部时，看到几位上前问候的解放军高级将领正是曾在长征途中跟随在他身边工作的"红小鬼"，十分欣慰。他高兴地挨个询问近况，还特意关心了雷永通——那个让他记忆深刻却已不见身影的"兴国矮子"。

畲族

畲族是东南沿海的一个古老民族，大多数居住在福建、浙江的广大山区之中。畲族有自己的语言，属汉藏语系。畲族没有本民族文字。畲族的传统服装有一定的地区差异。畲族的手工艺品种类丰富、风格独特，其中以彩带和竹编最为著名，是畲族妇女喜爱的装饰品，并成为受欢迎的旅游产品和出口产品。畲族民间口头文学十分丰富，以山歌、神话和传说最有特色。在长篇叙事诗歌中最著名的是追溯民族历史渊源的《高皇歌》，这是一首长三四百句的七言史诗。畲族的传统节日主要有农历二月二举行会亲活动的"会亲节"，三月三缅怀祖先的"乌饭节"，祷求风调雨顺、五谷丰登的"分龙节"，祭田公元帅的"元帅节"等。

石克义
远征印缅壮志酬，毛南英雄战功赫

"时代英雄魂归西天去无终，抗日老兵梦入南柯终未醒，光荣人家"，这是贵州省平塘县毛南族乡甲坝村小寨村民组毛南族石氏人家张贴的挽联。2020年6月14日，全国最后一位毛南族原中国驻印远征军抗日老兵石克义因病医治无效离世，享年98岁，结束了他充满传奇的一生。

石克义

远赴印缅，为国而战

年仅18岁的石克义考入了中国红十字会总会救护总队与国民政府行政院卫生署战时卫生人员训练总所联合招考的"军医速成班"，并在战时卫生人员训练所医护班学习了6个月。1937年"卢沟桥事变"后，中国沿海城市相继被日军侵占，国际援华的海上供给线也被切断了。当时，"国际援华通道"只剩下"印度—缅甸—云南"这唯一的一条陆地生命线。面对如此险恶严峻的形势，1942年，中国根据《中英共同防御滇缅公路》协定，组建了中国远征军前往印度、缅甸对日作战，赴印度的远征军在兰姆伽接受军事、卫生、战地救护训练，赴缅甸的远征军主要负责滇缅公路的畅通。

1943年，因为抗战的需要，石克义所在的卫生人员训练总所共派出15人组成了战时卫生人员训练组，前往印度远征军驻地，负责培训驻印部队医务人员。当时，石克义主要担任战时卫生人员训练组助教军医，和盟军一起培训从国内四川、贵州等地输送到兰姆伽驻印军队的学生兵，让他们学习半年至一年的医务知识后，奔赴战场参加救护工作。这些学生兵来到兰姆伽后，经过刻苦训练，都成了合格的前线救护医务人员。随着残酷战争的持续深入，大部分学生兵都牺牲在异国他乡，永远留在了那里。

当时的训练中心常年订有中文版的《印度日报》，好让远征军随时了解到国内的战况。1944年11月底，国内发生了震惊中外的"黔南事变"，日军侵入独山时，《印度日报》也发了"独山通信中断，情况不明"的消息。当时远在印度受训的黔南人听到消息之后，想到家乡已经沦陷，每个人的脸上都写满了担忧。

1945年1月28日，中国驻印军打败日军之后于缅甸芒友与滇西远征军胜利会师。1945年5月的一天下午，石克义所在的驻印远征军卫生人员训练组奉命从加尔各答乘飞机回国，在昆明集中献血给抗日受伤的将士们，之后便到贵阳休整。此时，离家多年的石克义思乡心切，便请假从贵阳回家探亲。由于当时动荡的环境，不便于传递信息，石克义与原部队失去了联系。

三件特殊的"宝贝"

石克义的家中珍藏着三件极其特殊的"宝贝"——一床军毯、一个铝制脸盆、一枚象牙章。石克义说："我在印度兰姆伽基地工作期间，处于后方，没有奔赴前线直接参加战斗，工作生活条件相对较好。当时部队发了美国援华的战备物资：一床军用毛毯、一个铝制军用脸盆，还有一个薄铁皮军用箱子。我还在兰姆伽镇上购买了一枚象牙章,让当时的将领帮我在上面刻上名字,象牙章上刻着的名字是'石磊'(原名)。"

这三件"宝贝"一直被石克义保存着,其中薄铁皮军用箱子在"文革"期间被毁掉了,没有保存下来。而外界几乎没有人知道这几件"宝贝"其实是当年抗战时候的战备物资。这三件"宝贝"见证了中美两国在抗战时期建立的深厚"兄弟感情"和石克义参加中国远征军入印作战时的烽火岁月。

爱国之心永不变,传奇故事永流传

石克义晚年时喜欢书画创作,经常为亲友寨邻义务书写对联,同时,他还是平塘县诗词楹联学会的会员。他生前曾写下过"四二远征印沙场,捍卫祖国气势昂,壮志凌云歼日寇,今朝慰问恩泽长"等纪念他远征印缅作战的诗句。石克义一有机会还会到当地的机关单位和学校义务开展爱国主义教育活动,对机关单位工作人员和学生进行爱国教育宣传。从这些简短的诗句和他的义务教育活动中,我们能够感受到石克义心中那不灭的爱国爱党之心和无惧艰险、勇敢奋斗的坚定意志。

石克义创作的诗作

2011年,关注黔籍抗战老兵志愿者慰问团首次赴平塘县,对石克义的抗战经历进行核实,并认定他为"中国驻印远征军抗日老兵"。慰问团赠送了石克义印有"抗日英雄中华脊梁,功昭日月国人共仰"的锦旗,并与深圳龙越慈善基金会、贵阳市红十字会等机构联系,将石克义纳入"关怀老兵计划",每月颁发"老兵致敬金"300元至600元不等,一直坚持发到2020年6月老人离世。逢年过节,来自贵州省黔南州、黔东南、贵阳及云南、江苏等地的志愿者们都会来到石克义家中,拜访慰问他,听他讲述那段传奇又惊险的故事。

全世界到处都是烽火硝烟的日子已经结束了,石克义的故事让我们看到了中国远征军内心充沛的爱国主义热情和对和平的向往。我们也许无法体会到身在异国、身处战争中,石克义等远征战士们是如何坚持下来的,是如何忍住自己的思乡之情的。他们为正义而战、为和平而战,始终保持着高昂的士气和坚强的斗志;他们常常身处险境、以寡敌众,数以万计的中华儿女为了祖国的安定献出了宝贵的生命;他们打击了敌军的嚣张气焰,为中华民族立下了不朽的功勋,为国家争得了荣誉;他们用自己的生命增强了我们的民族自信心和自豪感,尽管烽火硝烟已经散尽,但是他们英勇奋斗的故事会永久流传下去,他们的抗战精神会被永远铭记。

石克义获得的锦旗

毛南族

　　毛南族是中国人口较少的民族之一，主要聚居于广西环江县下南乡一带，少数散居河池、南丹及贵州平塘、独山等市县。毛南族使用的语言为毛南语，属汉藏语系侗台语族侗水语支，通用汉文。毛南族主要从事农业生产，以饲养业为辅。毛南族人的居室为干栏式样。干栏一般为上下两层，上层住人，下层圈养牲畜和堆放农具、柴草以及其他杂物，门外有晒台。毛南族服饰与附近的壮族、仫佬族相似，据性别、年龄、季节、用途和社会地位的不同，形成了各种类型和样式。

万象更新
不离务实奋斗者
- 新中国成立后至改革开放前

"民族繁荣是我们各民族的共同事业,对此不能有任何轻视。只有改革才能使民族繁荣。经济改革是各民族必须走的路。走这条路才能工业化、现代化。工业化、现代化了,经济生活才能富裕,民族才能繁荣,各族人民才能幸福。"

——周恩来《关于民族繁荣和社会改革的问题》

(1957年)

吉雅泰
新中国少数民族大使

吉雅泰是中国共产党在呼和浩特地区最早的党组织负责人之一,也是创建内蒙古地区党组织和开辟地下工作的主要领导人之一,为中国革命成功和内蒙古经济、社会的发展做出了重要贡献。

吉雅泰

赤子之心,爱国情

中学时期,吉雅泰便主动参加爱国学生运动。考入北京蒙藏学校后,吉雅泰得以接触马克思主义革命理论,并在 1923 年底加入中国社会主义青年团。

1924 年底,吉雅泰在绥远发动国民会议运动,并当选"绥远省出席全国国民会议促成会"代表。1925 年,吉雅泰成为第一批蒙古族共产党员,并担任蒙藏学校第一个中共党支部支委。1926 年,吉雅泰与毛泽东、周恩来等中共领导人一同参加在广州召开的国民党第二次全国代表大会,并担任由国共两党人士共同组成的国民党绥远特别区党部负责人。

大革命失败后,吉雅泰于 1929 年进入到莫斯科东方大学学习。在此期间，吉雅泰担任了国际班支部委员和民族班班长，五年后奉派回国，在内蒙古、北平、天津和东北地区继续组织开展党的地下工作。

1938年内蒙古大青山革命根据地八路军与蒙汉抗日游击队会师。图中二排右一为吉雅泰

自1938年到1946年，吉雅泰在蒙古人民共和国中国工人俱乐部任《工人之路》报社总编和华侨剧团导演，以"王西"为化名，编排导演了《新花木兰从军》《卢沟桥》等歌剧，号召、呼吁爱国人士与海外华侨支持抗战事业，同时撰写、发表了《播种》等歌曲。

咬定青山，报国志

1946年，吉雅泰从蒙古人民共和国回到锡林郭勒盟贝子庙，投入内蒙古自治运动。1947年5月，吉雅泰担任内蒙古自治政府临时参议会副议长。同年11月，受组织委派，吉雅泰任呼纳盟地区工作委员会书记。吉雅泰上任后，针对当时呼伦贝尔地区错综复杂的形势，特别是一些民族上层人士对党的方针政策不了解的情况，耐心细致地做思想工作，宣传党的民族政策、统战政策。

在此基础上，中共呼纳盟盟委在牧业四旗和海拉尔市开展了"一条心"运动。吉雅泰在盟直属机关大会上做报告，呼吁各族人民响应党的号召，要同共产党"一条心"，不要"两条心"或"半条心"，团结起来，争取民主革命的胜利。"一条心"运动的开展使更多的少数民族同胞支持、拥护中国共产党的决心更加坚定。

拳拳之心，庆新生

1949年，新中国成立前夕，在中国人民政治协商会议第一届全体会议上，曾联松设计的国旗图案最终被选用。"中华人民共和国国旗为五星红旗，象征中国革命人民大团结。"新华社将这一重大新闻通过无线电波向各地传送。

当时任中共锡察盟盟委书记的吉雅泰听到有关国旗的消息，首先想到的就是尽早绘制国旗，让锡林浩特人民看到国旗飘扬。由于只听过广播的描述，吉雅泰带领盟委悉心描绘五星红旗图案时，遇到了许多障碍，后经反复讨论和校对，盟委才将国旗的图案稿油印成文件，分别送往附近各地人民政府。

国旗图案绘制好后，吉雅泰便将贝子庙锡察办事处财经处副处长和兴革叫到办公室，委派其负责筹办制作国旗事宜。和兴革首先联系贸易公司，找到了制作国旗的红、黄面料，又请来当时贝子庙最有名的裁缝唐禄清。锡林郭勒盟的第一面国旗，是唐师傅悉心裁剪，一针一线缝制的。

1949年10月1日，当开国大典庄严举行时，贝子庙的党政机关干部、解放军指战员、学校师生、牧民和喇嘛代表共700余人，在盟委大院门前，注视着锡林郭勒盟的第一面五星红旗冉冉升起。现今这面五星红旗被珍藏于锡林郭勒盟红色旅游纪念馆内，是进行爱国主义教育的珍贵文物。

初心不改，展国威

1950年6月，吉雅泰被任命为首任驻蒙古人民共和国大使。临行前，周恩来总理接见了中华人民共和国的第一代外交官们。中南海西花厅，周恩来总理早就在等候大家了，他亲切问候道："吉雅泰同志，你从苏联回来，懂得俄文；又是蒙古族，懂得蒙古文；又在乌兰巴托多年，熟悉情况，很好，工作方便。"说着，周恩来总理认真审查并修改了将递交蒙古人民共和国元首的国书。周恩来总理又嘱咐道："蒙古人民共和国是我们的近邻，又是兄弟国家。你们要谦虚谨慎，要同人家讲友好，要尊重人家的风俗习惯，学习人家的语言，要遵守外事纪律……"带着总理的殷切嘱托与祖国和人民的信任，吉雅泰一行出发前往蒙古。

在吉雅泰任期内，中蒙两国开展大量友好交流活动。1951年7月，蒙古人民革命胜利30周年，中国派政府代表团参加庆典；1952年10月，中国在乌兰巴托首次举办了大型工业展览会，并派出文艺团体赴蒙古演出……吉雅泰率领全馆人员圆满完成的

吉雅泰（左一）出使蒙古人民共和国

每一次任务，都加强了中蒙两国的友好合作、增进了两国之间的信任与友谊。1954年，由于健康原因，吉雅泰卸任归国；1968年3月12日，吉雅泰逝世于呼和浩特，终年67岁。

正如吉雅泰在回忆其革命生活片段时所描述的："我坐在篝火旁边，注视着那熊熊火光。'星星之火，可以燎原'，我不由得低声唱起那庄严的国际歌。这是生命，这是力量。"祖国母亲是我们的力量源泉，无数像吉雅泰这样的少数民族爱国人士汇聚在一起，他们是那星星之火，汇成民族团结的绚烂火焰，为祖国和人民的美好生活开辟道路。

蒙古族

蒙古族是中国北方古老的游牧民族，主要分布在内蒙古、新疆维吾尔自治区和辽宁、吉林、黑龙江、甘肃、青海、河北等省。蒙古族有自己的语言和文字，蒙古语属阿尔泰语系蒙古语族。蒙古族世居草原，以畜牧为生，过着"逐水草而居"的游牧生活，尽管这种生存方式在现代社会被弱化，但仍然被视作蒙古族的标志。蒙古族在科学文化事业上比较发达，《蒙古秘史》《蒙古黄金史》《蒙古源流》被称为蒙古族的三大历史巨著，其中《蒙古秘史》被联合国教科文组织确定为世界文化遗产。蒙古族在音乐、舞蹈等领域也居于相对显赫的地位，其中马头琴是蒙古族人民最喜爱的民族乐器，因琴杆上端雕一个精致的马头而得名。另外，那达慕大会是蒙古族最为盛大、影响广泛的节日之一，于每年夏秋季节祭敖包时（农历六月）举行。

线诺坎
最后一位景颇山官

山官制是中华人民共和国成立之前景颇族实行的政治制度，山官是辖区的最高政治首领。景颇族千百年来形成了一整套不成文的、约定俗成的、被其视为民族灵魂的习惯法，景颇语称之为"通德拉"，即"阿公阿祖"传下来的"做人的道理"，对民众具有极强的约束力。根据"通德拉"，景颇人分为官种（世袭贵族）、平民、奴隶三个阶层，彼此界限森严，互不通婚，他们的首领俗称山官，必须出身于官种血统，实行山官幼子继承制。

线诺坎

幼年坎坷，奋发求知

从线诺坎的爷爷开始，到线诺坎已是第三代山官。从小，在线诺坎的记忆里，父亲就是他的偶像，是他的骄傲。线诺坎的儿子排云勇说："爷爷在父亲的心中身材高大，性情刚烈。爷爷执政期间，如有犯罪，就严惩，在周围村寨中十分具有声望和威信。"勐秀山至今还流传着线诺坎父亲的一个个故事。在勐秀人的传说中，他身材伟岸、玉树临风，有着一身极高的武功。

然而7岁时,线诺坎的父亲去世,这让线诺坎的家庭陷入困境,但也让他懂事了许多,线诺坎开始做一些小生意,来承担家庭的重担。到了上学的时候家里出现变故,线诺坎没有像一般山官的后人一样得到读书的机会。在一次与英国人的买卖中,线诺坎因为无法听懂对方的语言,错失了一次机会,从此他就明白了一个道理:知识能改变人的命运。因此,在后来每天辛苦的买卖空闲中,他都刻苦学习缅语、英语,还有景颇语,并结识了一大批缅甸的上层人士,为他后来当山官打下了坚实的基础。

乱世不屈,智斗日寇终胜利

1939年,18岁的线诺坎当上了邦达山官。刚刚上任,线诺坎就逐寨巡查,所到之处,村民们都欢呼:"邦达山官回来了,我们的山官回来了!"听到这样的声音,线诺坎既欣慰,又深深地感到了肩上的重任。

1940年,国民党的一支部队到陇川一带开展禁毒活动。当时,边境一带的农民基本以种植鸦片为生。国民党的这支部队打着清铲鸦片烟苗的幌子,所到之处无恶不作,激起了边民的怒气。于是,一场抵制国民党部队铲烟的运动在边境打响了,王子树、邦瓦、瓦慕、邦达等地山官纷纷联合抵制。对于这件事,线诺坎的儿子说道:"国民党打着'铲烟'的幌子,在山寨乱抢老百姓的财物,像一根针一样刺痛了父亲的心,让他更加坚定了要保护族人,带领族人走上和谐、幸福的发展之路的信念。"

1942年5月,日军占据了勐秀山的一些村寨。这些侵略者所到之处,烧、杀、抢、掠,无恶不作。为了让老百姓少受罪,线诺坎几经思虑,跟几位景颇山官、头人与日本军官达成了协议,向日军供应所需要的生活物品。线诺坎趁每次送物品到日军军营的机会,记下日军的行动踪迹、兵力部署、武器装备等情况。每逢章凤赶集的时候,线诺坎就把他所掌握的敌情如实向抗日游击队汇报,请求抗日游击队消灭日军。

一次,得知日军军营要搬迁,线诺坎及时把这一情报告诉抗日游击队。于是，抗日游击队和线诺坎组织的民众里应外合，取得了"三户单战斗"的胜利。线诺坎掷地有声地说道："我们民族是一个勇敢的民族，面对敌人入侵，我们守土有责，毫不畏缩！"

太阳升起，带领景颇人跟党走

1950年5月，共产党来了。线诺坎对共产党早有耳闻，但不了解，更不清楚共产党和这些解放军会给景颇族带来怎样的改变，不过线诺坎还是抱有希望，认为共产党、解放军可能确实和国民党、日本人不一样。不久，解放军来到了邦达景颇山寨，线诺坎看到这些背着背包的解放军，便安排景颇族群众烧开水给部队的人喝。可是，解放军非要给群众钱才喝这些水。"从这件小事，老爹就对共产党有了极大的好感，从心里消除了对外来军队的敌意。"线诺坎的儿子说。在随后近半年的时间里，共产党工作组的同志住到了线诺坎家里，工作组的同志每天早上都会帮助线诺坎和老百姓打扫庭院、背水、砍柴。

1950年9月，线诺坎被选为联络委员会委员，负责联络群众，做群众的思想工作，宣传党的民族政策，协助解放军和民族工作队，搞好边疆群众的团结稳定工作。当年12月，线诺坎和16名德宏地区的景颇族代表参加了在保山召开的民族工作会，并在会议期间被赠予五星红旗、毛主席的画像和朱德的画像。线诺坎激动的心情溢于言表，回到家里，他立即把毛主席的画像、朱德的画像贴在家里最显眼的位置，把五星红旗插在邦达山顶，下定决心跟着共产党走好今后的发展路。

民族团结，日新月异换新天

新中国成立初期，边疆各县贯彻中央《和平协商土地改革条例》，线诺坎利用山官的威信，全力协助党和新生的人民政府，做好这一时期各民族团结的工作。他说服其他山官，服从党和政府的安排，还第一个带头放弃山官特权，放弃自己辖区的官税。线诺坎的这一举动，为边疆废除封建领主制的山官、地主高利贷和一切特权奠定了重要基础，推翻了在边疆延续 700 多年的封建领主制度，是景颇族社会发展进步、历史变革中迈出的关键一步。

线诺坎在听家人读书

改革开放后，勐秀山发生了翻天覆地的变化，各族群众生活一天比一天好，线诺坎感到无比欣慰。每当提起景颇族生活的话题，这位老人都特别高兴地说："新中国成立后，我们土司山官制度被瓦解了，我毫无意见。知道共产党、解放军来了，我第一个站出来，去陇川章凤找共产党、解放军的组织。其他的我不懂，但我知道一个道理，国民党 800 万军队都不在话下，如果不是老百姓支持的军队，就不可能把国民党推翻。一个人民拥护的党、拥护的军队，我有什么理由拒绝他们？""所以，我们跟共产党走是最正确的选择，共产党是最伟大的党！"

景颇族

景颇族主要聚居于我国云南省德宏傣族景颇族自治州，怒江、西双版纳等地区也有少数散居的景颇族。景颇族有自己的语言和文字，景颇语属汉藏语系藏缅语族景颇族语支和缅语支，景颇族文字有景颇文和载瓦文两种，两种文字都是以拉丁字母为基础的拼音文字。"目瑙纵歌节"是景颇族最盛大的传统节日，为祭祀"木代"（景颇族崇拜的诸鬼中最大的鬼）而举行，后发展成为丰富多彩的物质、文化交流会。

邹习祥
功绩震世谓之英，胆力过人谓之雄

有这样一位抗美援朝志愿军战士，被誉为"冷枪英雄"。他的传奇经历被总结为"战场神枪手，狙击上甘岭"。他是电视剧《跨过鸭绿江》中令"联合国军"将领畏惧的志愿军神枪手，也是电影《狙击手》的原型之一，他就是以身许国、以命血拼的老兵——邹习祥。

邹习祥

从乡野猎人到保家卫国

邹习祥出生在务川栗园何家矸的一户贫苦的仡佬族农民家庭。长期以来，务实勤劳的仡佬族百姓在这块相对贫瘠的土地上与严酷的自然环境进行着斗争。因此，邹习祥的骨子里便流淌着仡佬族自强不息、艰苦奋斗的韧劲。

邹习祥的家乡位于栗园草场，这里的百姓到40多千米之外的县城全靠步行。道路艰险，百姓们常常是天不亮就出门，天黑才能抵达。新中国成立前后，受制于自然条件与道路条件，村民们多以杂粮为主食，肉类全靠打猎获得，山里的每户人家都是猎户。穷人的孩子早当家，不到 7 岁，邹习祥便给地主家放牛、放马、当雇工、干农活。7 岁时便跟随父辈们学练火药枪，潜伏、装弹、瞄准、射击，每一个步骤都接受了严格训练。年复一年，青年邹习祥眼力极强，只要猎物出现在他的狩猎范围内，哪怕只有一丝风吹草动，即使在夜晚，他依旧能够确定猎物的位置及逃跑方向，一击即中。

最冷的狙击枪，最热的爱国心

在电视剧《跨过鸭绿江》中有这样一个片段，"联合国军"将领特别提到一名叫邹习祥的志愿军神枪手，"飞机大炮都用上了，但却拿他一点办法都没有""尤其可怕，几乎弹无虚发，对士气影响极大""大炮都用上了，始终没有抓住他的行踪"。

1952 年 10 月 14 日凌晨，上甘岭战役打响。敌军装备精良，武器数量也远超志愿军，共 300 多门大口径重炮、27 辆坦克、40 余架飞机。倚仗武器装备，敌军气焰嚣张，密集火力将志愿军第十五军一连 238 名官兵打到仅存邹习祥在内 20 余人。面对敌军铺天盖地的炮火，在弹尽粮绝又无救治的极度困难条件下，邹习祥和他的战友们只能不断拉锯，挺过了 23 个昼夜。在上甘岭，邹习祥用 78 发子弹歼敌 39 人，打得美军闻风丧胆，他所在的 537.7 高地北山，被美军称为"狙击兵岭"，写进美军的作战报告，载入美军军史。在朝鲜战场上，邹习祥冷枪狙击，英勇作战，先后荣立一等功一次、二等功两次，成为闻名第十五军的神枪手。

"邹习祥等狙击手用的是苏联的莫辛－纳甘步枪，这种步枪靠眼睛观察来瞄准射击，而对手是有 4 倍光学瞄准镜的狙击步枪。凭着这种装备，他平均两枪消灭一个敌人，把美军打得受不了，这是很了不起的。"军史专家张嵩山说。邹习祥是四十五师里为数不多的经历过上甘岭战役全过程的英雄。在上甘岭战役中，第十五军的战斗英雄璀若繁星，涌现出了黄继光、邱少云、孙占元等众多英雄，邹习祥能立下一等功，可见其贡献卓越。而用冷枪在异国土地之上打出一个地名来,这在解放军的战争史上也仅此一例。

邹习祥和战友切磋射击技术

卫国是职责,为民是本分

1956年4月,冷枪英雄邹习祥复员转业回到家乡,低调参加家乡建设,他默默工作生活,从不炫耀自己的赫赫战功,直至1993年3月26日因病逝世。

与很多参战老兵一样,邹习祥鲜少谈及自己的过往,即使是本乡人也仅仅知道他参加过抗美援朝战争。

回想起自己儿时的贫困生活,邹习祥一心想让乡亲们吃上白米饭,他特意从东北将稻种带回家乡,带领村民们在位于高寒地带的山地草原上开梯田、种稻谷。返乡复员后,务川县先后安排邹习祥担任民兵连连长、武装部长。1962年,他主动辞职,协助大队的干部经营实业,引进甘蔗种植技术、承办多个经营厂,发展生猪养殖,为父老乡亲谋生计成了邹习祥后半生的主业。

直到20世纪80年代,务川县多次到村里了解邹习祥的情况,给他送慰问品,乡里乡亲才知道"性格刚强、脾气耿直、热心助人"的退伍军人曾是朝鲜战场上的神枪手,也第一次见到老兵的众多勋章。

2020年底,随着电视剧《跨过鸭绿江》的热播,邹习祥尘封数十载的英雄事迹在遵义革命老区广泛流传,激荡回响。邹习祥的孙子邹军说:"直到去世,爷爷都没有给我们细说过他的参战经历,偶尔也只是淡淡一句'打枪?我准得很呢！'"抗战老兵闭口不谈赫赫战功，只一句"打枪？我准得很呢"，短短七个字，回荡至今，道不尽70余年前战场上的波诡云谲，也诉不尽与战友并肩作战的悲壮往事。因为，对老兵而言，卫国是职责，为民是本分。

青山不语，英雄无言。晚年的邹习祥身着蓝布中山装，脚上是一双沾满泥巴的解放鞋。整个装束和普通的农村老人没什么区别，唯一不同的是笔挺的站姿、炯炯有神的双眼和两道不怒自威的竖眉。

晚年的邹习祥

仡佬族

仡佬族大部分集中聚居在贵州省北部的务川、道真两个仡佬族苗族自治县及石阡县。仡佬族原来分为许多不同的支系，每个支系的名称各不相同，中华人民共和国成立后，经各地仡佬族代表协商，报经国务院同意，1956年公布统一称为仡佬族。仡佬族有自己的语言，仡佬语属汉藏语系侗台语族仡央语支，但没有本民族的文字，普遍使用汉文。仡佬族人民长期与各兄弟民族人民杂居在一起，在经济、文化等方面相互学习，形成了自己的风俗习惯，创造了富有民族特点的文化艺术。仡佬族的文体活动主要有打篾鸡蛋、磨磨秋、抱龙蛋、打鸡等。

共筑同心圆
中华民族的家国故事

田心桃
从"苗族代表"到"中国土家第一人"

中华人民共和国成立之初,党中央在制定、实施民族平等、民族团结等政策过程中,在设计各级人民代表大会中少数民族的数量和比例、实行民族区域自治、帮助发展民族经济、发展民族文化等方面,面临着几个重大问题:中国到底有多少民族?哪些是汉族的一部分?哪些是少数民族?而在确定少数民族的族称中,还要弄清楚哪些是单一民族,哪些是某一少数民族中的一部分。

为解决上述问题,党和政府深入民族地区,开展了一系列调研工作。这种为确定民族族别、族属而做的调查研究,征得各民族同意,经过法律程序认定,并由中央政府正式公布的认定过程,便是我们如今所知的民族识别。而谈到民族识别,就不能不讲述一名土家族女青年的故事。

田心桃

土家姑娘成了苗族代表

这名女青年名叫田心桃,出生于湘西永顺的一个土家山寨。新中国成立以前,她一直生活在寨中,说着土家话，跳着摆手舞，空闲时也会织土家族传统的"西兰卡普"被面，是一个典型的土家族姑娘。不过，因为寨子离县城较近，田心桃在15岁时来到了县里读书，也由此接触到了汉文化，并在大学肄业后成了一名老师。

1949年，家乡迎来了解放。20来岁的田心桃对新生政权充满了热情与憧憬，积极地参加到迎接解放军的工作当中。在这个新解放的民族地区里，知识分子本来就比较少，妇女界的更是凤毛麟角，因此当看到一名青年女教师带着极高的革命热情为解放军欢欣鼓舞时，党组织便着意培养这名少数民族知识青年。时任一四一师政治部主任的李侃担起了这个任务。他多次找田心桃谈话，询问了她的家庭、学历、志向等情况，还给她详细介绍了革命形势，鼓励她继续学习，好好工作。田心桃对此十分感激。

1950年8月，田心桃到沅陵参加讲习会，其间跑到街上化妆表演了"藏胞舞"，被恰巧路过的李侃认了出来，李侃便邀她到家中做客。询问近况后，李侃问及田心桃是不是苗族，得到了否定的回答。田心桃说，她自己既不是苗族，也不是汉族，而是土家族。

李侃第一次听说这一民族，便问到土家族有哪些特点，田心桃做了详细的解答，还说了些土家话，这都让李侃感到十分新鲜，不住点头。不久后，李侃便将田心桃的情况汇报给上级王含馥主任。王主任在听取田心桃关于自己土家族的风俗文化与聚居情况的介绍后，决心让其作为少数民族代表参加武汉的一次重要会议，在其介绍信中这么写道："田心桃同志自称是土家，会土家语，可能是苗族的一种。"

到武汉报到时，那里的人们对田心桃的土家身份颇感兴趣，而她也积极地展示了自己民族的文化和习俗，还唱了首土家语山歌。但令她遗憾的是，那里的领导比较认同王含馥的说法，给了田心桃一张苗族的代表证。这让田心桃感到很诧异，她想，

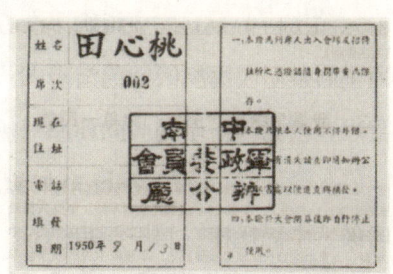

田心桃的代表证

自己明明是土家人，何以成了苗族代表？这样的话，自己土家人的民族成分就埋没了。于是她决心借这次会议的机会来宣传土家，介绍土家，让人们知道湘西还有土家人存在。

在讨论会上，田心桃趁着介绍自己时，向代表们解释了自己并非苗族而是土家人，同时还讲述了自己家乡的情况，告诉人们土家人聚居的地方，还有土家人独特的语言和丰富的文化习俗。田心桃讲着自己的土家语，还唱起土家歌，跳起土家舞，引起了与会人员极大的好奇与关注。

在田心桃的努力下，记者对其进行了采访，与会领导们也将湘西土家人的情况汇报到中央，土家人渐渐走到全国人民的视野里。

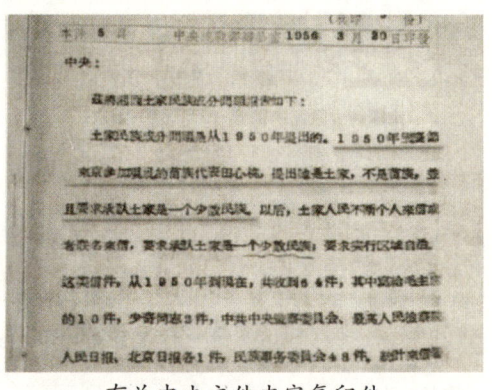

有关中央文件内容复印件

为"土家"成族奔走呼吁

1950年，国庆大典即将到来，中南区的少数民族代表们受到邀请，赴京参加国庆观礼，而田心桃则作为代表团的一员共同前往。这次观礼上，田心桃见到了来自全国许多民族的代表。在观看各族同胞的表演后，她不由心生感触：要是土家族的民族身份得到认可，那自己民族的摆手舞、土家山歌不就也可以在人们面前尽情地展示了吗？

这次观礼后，中央组织了专家，希望通过对这些民族代表们进行专访，从而了解其所属民族的情况与诉求。比如关于少数民族的语言，专家们让少数民族代表们进行了录音，以此来分析其民族的溯源。而科学院语言研究所所长罗常培在听了田心桃的录音后，说道："田代表发音清晰、准确。土家语不同汉语、苗语，属藏缅语族，是一种独立的少数民族语言。"不久，中国著名的人类学、民族学专家杨成志被委派对田心桃进行专访，杨教授十分细致地询问了田心桃关于土家族的方方面面，如土家语中各称谓、代词的用法，土家的过去与现在，聚居点的分布和习俗文化等。

专访结束后，田心桃急切地询问自己的土家族是不是一个单一的民族，杨教授回答道："民族是客观存在的，有一定条件，我把专访的材料，一定详细地、认真地给中央民委领导汇报"，并让田心桃静候佳音。之后，田心桃在北京学习期间仍不忘向周边的人们介绍自己的民族，甚至在民族访问团回来后，还向在领导访问团工作的费孝通提及了土家族的事情。

土家姑娘心愿成真

后来，民族识别工作全面展开，民族调查组来到湘西进行了深入考察。在1957年1月3日，中共中央统战部发出文件，正式确认了土家族为单一的少数民族，并在同年9月，成立了湘西土家族苗族自治州，土家族成为新中国民族大家庭里不可分割的一员。田心桃长久的心愿最终得以实现，这名来自湘西山寨的女青年，让中国人民重新认识了土家族。

土家族

土家族主要分布在湘鄂川黔毗邻的地带，其中湖南省湘西土家族苗族自治州、湖北省恩施土家族苗族自治州等地都有土家族聚居。土家族有自己的语言而无文字，绝大多数通用汉语和汉字。土家族在过去以农业为主，随着新中国的成立与发展，土家族地区的旅游业兴盛起来，还促进了当地的商业贸易。土家族主要是以祖先崇拜为主的多神信仰，并有"哭嫁""背婚"等礼俗，还有四月八、六月六、土家年等重要节日，土家族吊脚楼则是土家族的特色建筑。此外，土家族的傩戏、摆手舞、毛古斯舞还有西兰卡普织锦都是其在文艺和工艺上的重要代表。

田富达
高山族战士的爱国之旅

1929年7月,田富达出生在台湾新竹的一个高山族泰雅人部落中。泰雅人是高山族的一支,以狩猎为生。在日本殖民统治台湾时期,泰雅人多次举起刀枪反抗日本的殖民统治,但终因刀枪敌不过敌人的坚船利炮,受到了日本军队的残酷镇压。在镇压之下,泰雅人的生活多半贫困潦倒,田富达的情况也是如此。

田富达

颠沛流离的早年生活

在日本人的奴化教育下,田富达被迫进入"蕃童教育所"学习,原来的名字尤明·巴都也被强行改成了日本名——富田达夫。为了养家糊口,他在小学毕业后,就在当时日本人设立的农林公司打临工,勉强维持着生活。

二战结束,日本宣布无条件投降,公司也随之倒闭。之后国民党军队来台湾征兵,迫于生计的田富达便报了名,征兵的人按日本名字给他改了一个中文名字:田富达。田富达当时还幻想着当两年兵之后就可以回家照顾两个弟弟，然而钱没拿到，部队却突然宣布要到基隆集合，得知被骗的田富达心里明白，多半是要乘船去大陆作战了。

1946年12月26日，包括田富达在内的近万名高山族子弟被国民党官员强制押往大陆，并分配到福建、浙江等地。因国民党发动内战，很不得人心，在大陆的各个战线上节节败退。田富达当时所在的山东鱼台国民党军队也是如此，最终该军队缴械投降。

献身光明

投降后的田富达，面临着两种选择：一是回家照顾年幼的弟弟，二是接受中国共产党的教育，加入解放军。他在被俘期间，受到了解放军的优待，并被给予了过冬所需要的衣物，目睹了解放军的种种温暖之举后，田富达很是感动。正因如此，虽然很想念远方的亲人，但他毅然决然地选择后者，加入了解放军。

经过短暂整训后，田富达被编入了由刘伯承、邓小平率领的部队，参加了山东、安徽、河南等地共八次战斗、两次战役，成为当时军队里为数不多的台湾籍高山族战士之一。

1947年，田富达和100多名台湾籍战友被改编为"台湾队"，田富达在其中勤学苦练、力学不倦，加深了对党和马克思主义的理解，并于1948年加入中国共产党。

田富达的1949

1948年，党中央发布"五一口号"，号召"各民主党派、各人民团体、各社会贤达，迅速召开政治协商会议，讨论并实现召集人民代表大会，成立民主联合政府"，这得到了各民主党派、无党派人士的热烈响应。在这样一种大背景之下，田富达当时所在的华北军政大学"台籍班"，收到了党中央发来的一封特殊信件。这封信件的内容表明，需要在华北军政大学"台籍班"的学生中寻找一名品学兼优的高山族学生，作为代表去北京参加第一届中国人民政治协商会议,而田富达因平时克己勤勉、吃苦耐劳的表现被班级同学一致推选为代表。

中国人民政治协商会议第一届全体会议于1949年9月21日在北京召开,田富达作为台湾民主自治同盟和台湾籍高山族的代表,出席了这次会议。田富达代表台湾少数民族在大会上发言时,介绍了台湾当局的情况和高山族同胞与大陆人民交往交流交融的历史,全体代表对这个年仅20岁的高山族代表的发言印象很深,并在他发言结束后对他报以热烈的掌声。

"我最高兴的是发完言以后。当时会场不大,发言席离主席台不远,下台正好要路过主席台,我路过毛主席的跟前时,不由自主地、激动地握住了毛主席的手!"田富达激动地回忆道。第一届政协会议的召开,标志着中国共产党领导的中国革命统一战线的重大胜利,而这场会议中投票通

田富达在大会上发言

过的各项决议,都对中国起着重大的作用,田富达作为代表之一在各项投票决议中也投下了自己庄严的一票。

1949年10月1日,开国大典在北京举行。田富达作为代表之一应邀登上天安门城楼观礼,与众代表共同见证了开国大典激动人心的历史时刻。毛主席在城楼上向世界发出庄严宣告的那一刻,深深地印刻在了田富达的心中。

时光清浅,故人如初

岁月催人老,但不老的是亲情。能与多年未见的家人相聚在一起,乃人生幸事,对于田富达来说,也是如此。离开台湾,在大陆居住,一住就是几十年,因两岸同胞来往较为困难,让田富达最为牵挂的依旧是他在台湾的两个亲弟弟。

20世纪80年代,在海外侨胞的帮助下,田富达才得以将自己的书信转

交到了弟弟伊齐·巴都的手中,与家人多年中断的联系这才得以续上。1989年,弟弟伊齐·巴都乘坐飞机经香港来到北京。在机场,田富达立马就认出了他的弟弟,两人双手紧紧握住,诉说着离别后的点点滴滴。而在回忆往事时,田富达得知他的另一个弟弟已经不幸离世,这让田富达悲喜交加。

随着海峡两岸"九二共识"的达成,打破了两岸隔绝状态,两岸关系获得长足发展。1997年,田富达终于回到了阔别已久的老家,在台湾见到了许久未见的亲人。在那之后田富达多次回台湾探亲,在宝岛讲述着共产党带领下的大陆是如何从落后转变为富强的。

田富达与亲人们合照

作为老台湾人的田富达始终坚持他的看法,台湾应尽早回到祖国母亲的怀抱,两岸之间只有通过多交往、多交流、多交融,才能够让更多的台湾同胞知道,大陆与台湾是同根同源的,两岸之间存在着不可分割的联系。

高山族

居住在台湾的少数民族,是我国统一多民族大家庭中不可分割的一部分,对台湾的少数民族,我国政府以"高山族"为其正式族称。由于语言、风俗习惯及传统的社会组织结构的不同,高山族内部又分为阿美人、排湾人、泰雅人、赛夏人、布农人、邹(曹)人、雅美人、鲁凯人、卑南人、邵人等。他们有自己的语言,没有自己的文字。高山族的服饰绚丽多彩,内部各支系的服装有一定差距,除排湾人地区以外,头目与人民的服饰没有多大差别。随着时代的发展,高山族的文化习俗有了较大的变化,并与汉族文化越发接近。

包玉堂
如果有来生还要写刘三姐

包玉堂是诗人、作家，是仫佬族民间文学的开拓者。他在党的民族政策光辉照耀下，经过半个多世纪的艰苦奋斗、不懈追求、辛勤笔耕，终于以独到的视角、民族的自信、优美的诗文立于诗坛。仫佬山乡的人们都为他感到骄傲与自豪。他一生追求着什么？又眷恋着什么？这些答案，便在他创作的众多优美动人的诗篇中……

包玉堂

山歌初识刘三姐

包玉堂的童年是在山歌的熏陶中度过的。如果山歌也可以算作诗的话，那么山歌就是他学习诗歌的第一个启蒙老师。仫佬山乡是歌仙刘三姐的家乡，是歌海之乡。包玉堂从小就在这歌海里长大，跟着大人学唱歌、编歌。人们爱唱山歌，逢年过节，或者有大事，男女老少都会汇聚一堂唱上几曲。年轻人精力充沛，甚至约会山野，你唱我和，通宵达旦，好不热闹。山歌中有民族历史的长歌，有乡情民俗的散歌，有比才斗智的盘歌，有爱意绵绵的情歌……劳作、学习之余，他常常和伙伴围坐炉火边，或者跑到山坡上，听大人们唱歌。七彩的人生方能写出七彩的诗句，包玉堂可以说正是吸吮了民歌的乳汁，才成长为一代巨匠。

剧本结缘刘三姐

新中国成立后，参加工作的包玉堂，仍热爱着仫佬族民歌，凭着对仫佬山歌的一片衷情和勤奋，编了不少歌唱毛主席、歌颂共产党、歌唱新社会和新生活的仫佬族民歌，传遍了村村寨寨。这时候的包玉堂逐渐展露出自己的文学天赋，他的民歌创作也得到了当地政府领导的赞扬以及人民的传唱。1957年，包玉堂在传说中的刘三姐出生地罗城县四把乡的下里中心小学当校长。传说中刘三姐童年和少年时代生活过的蓝靛村就在小学对面几百米处，每天晚饭后和周末，包玉堂都要到那里走走。

让时间的转盘回到1959年1月，广西柳州决定创作一批戏剧作为向国庆十周年献礼的剧目。当年2月，彩调剧《刘三姐》第一方案出炉。4月，这一方案参加广西国庆献礼剧目汇报演出，好评如潮。为进一步提高该剧质量，1959年5月15日《刘三姐》剧本整理小组成立了。这对包玉堂而言是非常特别的一年，因为这一年他彻底和刘三姐结缘，此生未解。作为刘三姐家乡的罗城自然成了首要的采风地，而土生土长的包玉堂对刘三姐的传说和故事更是如数家珍，能够娓娓道来。

1960年2月，广西有关方面决定，4月举行全区《刘三姐》文艺演出。在此期间，包玉堂被抽调到柳州地委宣传部搜集民歌故事，同时参加有关《刘三姐》剧本修改的讨论。

笔耕不辍创作《刘三姐》

在《刘三姐》剧本的创作过程中，包玉堂几乎日日夜夜都在思量作品的改进方案，还发表文章就"如何把《刘三姐》修改得更好"提出了自己的意见。他长期跟创作组的其他成员与《刘三姐》演出团泡在一起，到南宁、广州等地边演出，边修改剧本。尽管跟组的生活条件并不好，但是包玉堂的心思几乎都放在了剧本创作当中，无暇顾及吃穿住行。而团队坚持不懈、精益求精的精神，给他留下了深刻的印象。

包玉堂在创作

其间，包玉堂曾作为广西少数民族观礼团成员之一到北京参加国庆十周年庆典，还到天津、胜利油田等地参观访问。1960年，他被评为全国先进工作者，出席了全国群英会，还在中国作家协会第二届理事扩大会上做了书面发言。尽管光环绕身，但包玉堂始终保持着清醒的头脑。他常说的一句话是，"我是坐着《刘三姐》的末班车，托《刘三姐》的福才有这些机遇的"。

同时他经常在繁忙的工作之余抽空回仫佬山乡调研、采风，扶持基层文学艺术发展。这些采风经历不仅为他后来再次创作《刘三姐》积淀了灵感，也填补了中国少数民族民间文学的空白。

来生还写刘三姐

时光匆匆如流水而过，逐渐步入晚年的包玉堂依然将自己的生命热血洒在关于刘三姐的创作之中。包玉堂参与了《刘三姐丛书》的编纂。中国社会科学院文学研究所和少数民族文学研究所肯定了《刘三姐丛书》，并首次提出了"刘三姐现象"这一概念,认为"刘三姐现象"作为我国多民族文学发展中的一个重要现象,值得人们加以研究阐释。

后来,包玉堂撰写了《彩调剧〈刘三姐〉的诞生及其意义》一文,并着手创编一部30集民族风情歌舞传奇电视连续剧《歌仙刘三姐》。

如果说当年创编彩调剧《刘三姐》是集体的冲锋陷阵,创编连续剧《歌仙刘三姐》则是包玉堂一个人在战斗了。当年包玉堂20多岁,而今,50多年过去,包玉堂年老体弱,还面临视力差、写字不方便、糖尿病等困难。在创作的那段岁月里,包玉堂常常挑灯夜战,直到深夜还在书桌上一笔一画写剧本,身体也一度变得虚弱。这让家人十分着急,不得不对他下禁笔令。可他一等身体状态稍好,又重新投入创作中去。

曾经在进行采访时,记者请他为采访写几个字,老人想都没想,拿起笔写下"歌仙刘三姐"五个字。老人写得很吃力,字甚至变形和扭曲。无法想象老人在没有电脑和他人的帮助下,是怎样用笔,一笔一画写下几十万甚至百万字的《歌仙刘三姐》剧本的。这种为传承民族文化奉献一生的精神令人为之动容。

包玉堂创作的剧本

每一个曾在刘三姐歌声中感受到力量与鼓舞的读者,都不应遗忘最初缔造这一形象的先行者。刘三姐的歌能唱到多远,包玉堂先生的回响就有多远。

仫佬族

仫佬族是一个古老的民族，其中90%分布在广西壮族自治区河池市罗城仫佬族自治县。仫佬族有自己的语言，没有文字，通用汉语，其所用仫佬语属汉藏语系侗台语族侗水语支。仫佬族善以山歌来歌唱生产、生活与感情。仫佬族的神话、传说、故事等民间文学作品丰富多彩，代表性的神话包括《天是怎么升起来的》《婆王神话》和《伏羲兄妹》等。依饭节是仫佬族除春节之外最隆重的节日，是仫佬族人民以宗族为单位举行的大型祭祀活动，于2006年被列入第一批国家级非物质文化遗产名录。

共筑同心圆
中华民族的家国故事

布茹玛汗·毛勒朵
50余载在边境线刻满"中国石"

新疆冬古拉玛通外山口是中国通往吉尔吉斯斯坦的一处边防隘口，有着我国最西部的一条边境线，我国领土每天的最后一缕阳光就是在这里落下。在这条漫长的边境线上，有一条50多千米长的巡逻路，这条路的尽头，是一块庄严矗立着的界碑。路的两旁，是数不清的躺在泥土中的石头。在这些石头上，或用柯尔克孜文，或用汉字，镌刻着"中国"字样，它们就像是一个个守边护边的卫士，在这里守护着祖国的最西端。而这些刻着"中国"字样的石头，正是冬古拉玛通外山口的护边员、柯尔克孜族妇女布茹玛汗·毛勒朵（下文简称布茹玛汗）用50余载的时间亲手刻下的。

布茹玛汗·毛勒朵

边境线上的"中国石"

布茹玛汗出身贫寒。她的父亲是个孤儿，从小过着贫苦的生活。直到新中国成立以后，全家才开始过上了好日子。对于这来之不易的新生活，布茹玛汗的父亲十分珍惜,在弥留之际叮嘱自己的子女:"这里是解放军吃着草根才得到解放的,你们要守好边境,像待家人一样待解放军。"父亲的这些话,布茹玛汗一直都谨记于心。在父亲的影响下,布茹玛汗在24岁那年,成了新疆克孜勒苏柯尔克孜自治州乌恰县吉根乡冬古拉玛通外山口的首批义务护边员,守护着冬古拉玛山口。

布茹玛汗曾经在独自出门巡逻的时候,恰好遇到了一场大暴雪,这场雪掩埋了她来时的路。她只能蜷缩在一块大石头背后,冻得浑身发抖。"等到半夜的时候,我就听到狼叫声,当时我按照父亲曾经教过的方法,撕下驴披肩的一小块点燃,燃起来后,又放点马粪点燃。"布茹玛汗回忆时说道。夜里的深山经常会有狼群出现,为了给自己壮胆,布茹玛汗点燃了外套,围着石头转圈,向狼展示着"领地所有权"。在野兽、饥饿和寒冷的多重威胁下,布茹玛汗开始思考:"万一我遇到什么危险,死在这里都没有人知道,所以我想到之前学会的'中国'字样,就在石头上刻'中国'二字。"于是,她找来一块石头,蘸着融化掉的雪水,在石头上刻下了新学的汉字——中国。

这天晚上,布茹玛汗抱着刻有"中国"两个字的石头一直撑到了天亮。布茹玛汗后来回忆起那晚惊心动魄的遭遇和第一次刻"中国石"的情景时说道:"当我在第一块石头上刻上'中国'(两个)字,我把那块石头藏在怀里带回家,连睡觉我都会把那块石头放在枕头下面,不时地拿出来看,看看是不是刻错了。"

布茹玛汗·毛勒朵与刻有"中国"两字的石头

20世纪60年代的冬古拉玛边境线还没有明显的界碑，因为没有界碑，所以祖国的边境线经常会出现被人为或自然移动的现象。望着这条绵延不绝的边境线，布茹玛汗想到可以用"中国石"作为边境线的标识。于是从那时候起，布茹玛汗就决定亲手制作"界碑"，她开始在巡边路上刻石头，并把刻好的"中国石"沿着边境线一块块地埋下去。随着时间的流逝，布茹玛汗刻下的"中国石"越来越多，就连她自己也不知道到底有多少块。日复一日，年复一年，布茹玛汗刻下的"中国石"一块一块绵延在沿线50多千米的边境线上，它们和布茹玛汗一起守护着祖国的最西端。"我想把'中国'二字刻在祖国边境，让它坚守在那里，即使我去世了，它们还永远在那里。入侵者看到'中国石'就知道这是中国的领土，不敢入侵。"

刻在心里的"中国石"

布茹玛汗在巡边护边的过程中留下了无数的脚印，刻下了无数的"中国石"，也把边境线上的一草一木刻在了心上。布茹玛汗说："我熟悉冬古拉玛山口的石头，就像熟悉我家抽屉里放的东西一样。"1986年7月的一个早晨，布茹玛汗像往常一样到山口巡逻。刚到边境线，她就发现其中的一座界碑被人为挪动过。来不及多想，布茹玛汗转身就往当地的派出所赶去。民警们很难想象，漫长的边境线上，一名普通的牧民是如何发现这25厘米的差异的，又是如何独自一人蹒跚着走了6个多小时的山路来派出所报案的。顾不上休息，布茹玛汗又赶忙带着民警赶回冬古拉玛山口。经过仔细勘查后，布茹玛汗与民警们一起将被移动的界碑恢复原位。

冬古拉玛山口离布茹玛汗的家有60千米山路，这条山路沟壑纵横，到处都是乱石，暴风雪也经常突袭。她的腿脚经常被尖利的岩石划出血口，她也多次受困于暴风雪中。在她巡边护边的生涯里，危险无处不在，她却风雨无阻，从未退缩过，甚至创造出多年从未发生过人畜越境事件的守边业绩。

筑起边疆长城的"中国石"

布茹玛汗守边护边的壮举被全国人民知道后，获得了大家的赞赏和敬佩。2006 年她被评为"感动新疆十大人物"，获得"全国民族团结进步模范个人"称号。2019 年 9 月 17 日，国家主席习近平签署主席令，授予布茹玛汗"人民楷模"国家荣誉称号；2019 年 9 月 25 日，她被授予"最美奋斗者"荣誉称号；2022 年被评为"最美巾帼奋斗者"。而她在石头上刻写的"中国石"，也被国家博物馆收藏在馆内，供大家参观学习。

布茹玛汗·毛勒朵和战士们一起巡查

50 余载的时间，布茹玛汗用自己的爱国心浇灌了边疆的每一棵草木，用自己的脚步守护着边境线上的每一寸土地。沿着冬古拉玛的河谷和山坡，这 10 万多块刻着"中国"二字的石头，就是对这份初心和爱国心最好的证明。而无数名像布茹玛汗一样的护边员，也正在用他们的热血和忠诚，协助边防部队，构筑起中国边界线上的"坚固长城"。

柯尔克孜族

柯尔克孜族大多数聚居于新疆维吾尔自治区西南部的克孜勒苏柯尔克孜自治州，其大多信仰伊斯兰教。"柯尔克孜"是该民族的自称，国外同源民族被汉译称作"吉尔吉斯"。柯尔克孜族有自己的语言和文字，柯尔克孜语属阿尔泰语系突厥语族东匈语支克普恰克语组。在信仰伊斯兰教后，柯尔克孜族根据察合台文创制了柯尔克孜文。民间文学是柯尔克孜族最重要的历史、文学资料，也是极其宝贵的文化遗产，其中最为著名的是长篇史诗《玛纳斯》。该长诗描绘了柯尔克孜族社会的各个方面，是关于柯尔克孜族语言、历史、宗教、文化、政治、经济、哲学、美学、军事、医学、习俗等的百科全书。

尔孜规·阿优夫
新中国第一位维吾尔族女伞兵

尔孜规·阿优夫（下文简称尔孜规）是新中国第一位维吾尔族女伞兵。她出身于一个"革命战士"家庭，她的父母在20世纪40年代就毅然投身革命事业，为新疆的和平与解放浴血奋战，是新疆地区的第一批维吾尔族共产党员。在父母的熏陶下，尔孜规从小便深知革命成果的来之不易。她坚信，新疆各族人民都是热爱党、热爱社会主义、热爱和平的。就这样，报效党和国家的种子在年幼的尔孜规心底萌芽，她一直渴望着为祖国的和平与繁荣、新疆地区的稳定与发展贡献一份自己的力量。

尔孜规·阿优夫

巾帼精神呼唤强国力量

1973年4月，在周总理的亲切关怀下，中央军委下达了重新组建解放军跳伞队的命令，目的是选拔一批思想品德好、身体素质过硬、有一定跳伞基础的队员组成集训队，对跳伞运动进行探索和研究。其实，解放军空军跳伞队，正式组建于1958年11月，并曾在

1959年4月以空军和海军两个跳伞队为基础，抽调伞兵教导师的部分女队员，参加了新中国的第一届全运会。但此后受到"文革"的影响，全国军、地跳伞运动队伍相继解散，解放军空军跳伞队也停止了训练。一听到中央要选拔优秀队员重建跳伞队的消息，有一定跳伞知识的尔孜规激动极了，她意识到这也许就是报效党和国家的最好机会，便果断地报了名。

经过层层选拔，尔孜规终于成了"解放军跳伞队"重建后招收的第一批队员，也光荣地成为新中国成立以来的第一位维吾尔族女伞兵。当时的中国百废待兴，跳伞运动的起步更是比国外晚许多，没有教材可学，更无经验可循，但这一切没有难倒中国军人。没有教材就自己编写，没有经验就在实践中摸索。

尔孜规是中国跳伞运动发展的实践者与见证者。跳伞运动的训练过程极为艰苦，运动员们不仅要锻造强劲的筋骨，更要磨炼钢铁一般的意志。尔孜规拿出了巾帼不让须眉的气势，刻苦学习知识，忍着伤痛顽强地坚持训练，在困难面前不曾有退缩。党和国家领导人十分重视跳伞队的成长与壮大，这极大地鼓舞了尔孜规及其他队员们的斗志。

沧海横流，方显英雄本色。跳伞队重组后的十几年时间里，中国跳伞运动事业迅速发展。尔孜规数次代表国家队在国内外比赛，累计跳伞4000余次，曾打破世界纪录一次、打破国内记录多次，获得奖牌十几枚。回忆起十多年的跳伞生涯，尔孜规颇有感触地说道："每当目睹着五星红旗在国外的赛场上冉冉升起，我便感到无比的满足与深深的自豪。"

为强军兴军发声

2013年，尔孜规当选第十二届全国政协委员，她曾多次表达自己的使命与初心："发展是新疆长治久安的重要基础，作为政协委员，我希望能为强军兴军发声，为稳疆兴疆建言。"作为一名全国政协委员，尔孜规时刻牢记自身职责。

"这里有晶莹剔透的冰川，有绿色的草原，有金色的沙丘……大自然在这里打翻了调色盘",在尔孜规眼中,家乡新疆有着世间最壮阔的景色。作为一名军人,也作为一名新疆人,尔孜规认为新疆的稳定与发展需要民族团结力量的推动,而实现各民族团结还需要切实地解决新疆的问题,做好新疆的民族工作。

带着全国政协委员的新身份与新使命,尔孜规深入新疆基层,在克拉玛依、哈密、塔城、喀什等多地调研,倾听百姓的声音,切实发挥好政协委员的作用。她于2013年提交的7份提案、2014年的16份提案、2015年的14份提案中,囊括了特色农业、生态建设、教育、就业等众多主题,每一份建议及提案都是她走访基层,在学校和工业厂区一处处调研、一字字撰写出来的。

戈壁沙漠,雪山冰川,南疆的魅力声名远播却无法遮挡贫困。2017年,习近平总书记提出,要把南疆贫困地区作为脱贫攻坚主战场。在新的形势下,尔孜规持续在南疆地区开展扶贫调研。尤其是近年来,尔孜规及其所在的地方政协在南疆地区进行了深入调研,贡献了许多关于继续加大南疆扶贫支持力度的建议及提案,集中力量,攻克深度贫困堡垒。

"就业扶贫"一直是尔孜规所牵挂的重点问题。她认为,在经济形势严峻复杂的今天,脱贫攻坚应从教育先行,尤其要促进职业教育的发展,要千方百计地培养更多"就业有优势、创业有能力、终身学习有基础"的技能型人才。尔孜规每年都会带来大力发展职业教育、助力打赢脱贫攻坚战的建议及提案,希望能早日实现"职教一人、就业一个、脱贫一家"的美好愿景。据统计,新疆近几年启动了推动现代职业教育质量提升的重要规划,2019、2020年中职、高职毕业生就业率均达到85%以上。

用爱灌溉民族团结之花

尔孜规在履行政协委员职责的同时,从未忘记自己的另一项重要责任——推动民族团结,做好新疆的民族团结工作。自古以来,新疆便是多民族聚居地区,新疆各民族是中华民族血脉相连的家庭成员。党的十八大以来,党中央深化对治疆规律的认识,形成了新时代党的治疆方略,坚持把社会稳定和长治久安作为新疆工作总目标,坚持铸牢中华民族共同体意识。

　　尔孜规曾两次荣获国务院"民族团结进步模范"称号,在她眼中,民族团结就像空气,无处不在又不可或缺。要想实现新疆梦、强军梦、中国梦,必须依靠民族团结的力量,必须推动民族团结!每当投身民族团结事业,尔孜规都牢记习近平主席的殷切嘱托:"各民族要相互了解、相互尊重、相互包容、相互欣赏、相互学习、相互帮助,像石榴籽那样紧紧抱在一起。"

　　生在天山脚下,尔孜规对各民族团结、守望相助的历史有着很深的共情,她时常笑着说:"我就是生在一个由维吾尔族、锡伯族、回族和汉族四个民族组成的家庭中,我们家其实就是民族团结的大家庭。"中华民族是一个大家庭,所以一家人都要过上好日子!在全面建设社会主义现代化国家新征程上,一个民族都不能少。

　　正因如此,尔孜规特别关注各民族之间的文化认同感与情感沟通。她明白,只有促进各民族的文化交流,才有可能实现各民族同胞的情感互动,从而营造民族团结的氛围。全国各族人民只有在思想上同心同德,才会在目标上同心同行、行动上同心同力。

维吾尔族

维吾尔族主要聚居在新疆维吾尔自治区。维吾尔族有自己的语言和文字，维吾尔语属阿尔泰语系突厥语族。维吾尔族传统服饰相当别致、鲜艳。维吾尔族的饮食以面食为主，喜食羊肉、牛肉。维吾尔族传统节日多与伊斯兰教有关，主要有肉孜节、古尔邦节等，诺鲁孜节是维吾尔族最古老的传统节日。维吾尔族文学主要分为民间文学、古典文学、现当代文学三类，广为流传的有《阿凡提的故事》《福乐智慧》《突厥语大词典》等。在维吾尔族音乐史上，"十二木卡姆"占有重要地位，2005年，"十二木卡姆"被联合国列入世界非物质文化遗产保护名录。维吾尔族的舞蹈轻巧、优美，以旋转快速和多变著称，"赛乃姆"是最普遍的民间舞蹈形式。维吾尔族医药学是中国医药学的重要组成部分，有悠久的历史和比较完整的理论体系。

一日千里
共筑各族团结情
● 改革开放后至新时代前

"我国各兄弟民族经过民主改革和社会主义改造，早已陆续走上社会主义道路，结成了社会主义的团结友爱、互助合作的新型民族关系。各民族的不同宗教的爱国人士有了很大的进步。在实现四个现代化进程中，各民族的社会主义一致性将更加发展，各民族的大团结将更加巩固。"

——邓小平《新时期的统一战线和人民政协的任务》

（1979年）

杨三三代人
"花德昂"的红色路

在云南省西部德宏傣族景颇族自治州东北部的梁河县,有这样一个家庭,被人们广为称道。父亲杨三是德昂族最早入党的老党员,带领当地群众在党的领导下走上社会主义致富之路;儿子杨忠德是德昂族第一个考入中央民族大学的本科大学生,为德昂族文学发展做出了极大的贡献;孙女杨艳是德昂族的全国政协委员和人大代表。由于德昂族方言和服饰色调的差异,当地的汉族人分别称他们为"红德昂""花德昂""黑德昂"。他们一家人本属于"花德昂"这一支系,但由于这个家庭秉持着为党、为人民的人生信条,德昂族人都称他们为"红德昂"。红色代表的是这一红色家庭拥护党的领导,传承红色基因。

杨忠德

德昂山上的不老松

杨三过去的生活十分凄惨，一家人四处奔波流浪，吃不饱饭睡不好觉。大哥甚至被活活饿死，二哥被国民党军队的暴力执法打死，杨三和弟弟只能到处流浪讨饭，干体力活来维持生计。杨三后来回忆起这段往事，依旧十分心痛："旧社会下我们一家人没有过过一天好日子。"

当解放军来到德昂地区后，这些饱受苦难的人民才重获了光明与希望。为了促进德昂地区的发展，土地改革随之展开，和平协商土地改革的主要任务就是打倒封建领主和地主所有制，把土地分给德昂族农民，使他们成为土地的真正主人。杨三不识字，但为了更好理解贯彻党的土地改革政策，配合土地改革工作队的工作，杨三专门叫来村里识字的人讲解"土改"的相关文件，还召集村里人一起学习。打倒地主分田地，杨三在"土改"工作中发挥着骨干领头作用，带领农民成立了德昂族农会，并在农民们的热情推举下当选为农会主席，还当上了土改评议员。

土地改革后，杨三又积极带领大家成立互助组。1956年，德昂山有了第一个农业合作社。杨三扎根基层，投身推动农业产业化经营事业，深入农民生活，促进农村民主管理的实现。自此之后，德昂族人民生活蒸蒸日上，在党和国家的带领下走向美好的未来。

1957年7月1日，杨三终于成为一名共产党员。回想起那一刻，杨三依然心潮澎湃。他还跟随云南省少数民族代表参观团前往北京参加国庆庆典。人生第一次来到北京，来到天安门城楼之下，看着五星红旗飘扬，国庆庆典展示着我们国家日益强盛的实力，杨三心里感慨万分。想到过去几十年自己的悲惨日子和如今的美好生活，他深深感受到了祖国的伟大。回到村里，杨三向村民们展示自己和毛主席等党和国家领导人的照片，他自豪地表示："没有共产党就没有新中国，就没有德昂山的今天，也没有我杨三的今天。"

杨三作为第一批入党的老党员，长期担任农村基层干部，曾担任中共梁河县第一届委员会委员以及省、州、县政协委员等职位。他不曾忘记党和国家的扶助与支持，为了报答党的恩情，他数十年如一日，兢兢业业、踏踏实实，一辈子跟党走，一辈子为人民服务。杨三的红色事迹不仅为当地人民所称道，还被中央、省、市的报刊报道，被人们尊敬地称为"德昂山上的不老松"。

为人民服务要服务到底

杨三一辈子为党为人民，用红色思想武装自己，不论何时何地都把党的方针政策放在心上，并以此为准则，规范自己的一言一行，以身作则为人民服务。杨三的优秀品行不仅为党和人民做出了表率，还深深影响了儿子杨忠德。杨忠德的名字寄托了杨三对儿子的殷切期盼——忠诚和道德，杨三的言传身教也为杨忠德树立了榜样。

杨忠德是德昂族第一个本科大学生，他一生投身于挽救德昂传统文化事业中。中华人民共和国成立以来，德昂族的经济社会虽然发生了较大的变化，但是仍比较完整地保存了本民族的文化特色。为了保存德昂族濒临失传的历史遗产，他不辞辛劳，调访了德宏州内的各个村寨，深入走访民间手艺人和传统文化的传承者，对德昂传统民间故事和传说进行了收集整理和汇编。1983年杨忠德主持出版了德昂族文学作品的第一个专集《崩龙族文学作品选》。这个文集的问世使得德昂传统文学登上了中国各民族文学争奇斗艳的舞台。

杨忠德的女儿杨艳作为全国人大代表、政协委员以及全国青联委员，一方面非常关注本民族非物质文化遗产的传承和保护，以及民族语言的译制和传播问题，另一方面她切实关注人民生活，带领人们脱贫致富，用茶文化产业带动经济，更好地为人民服务。杨艳表示，德昂族这些年虽然生活好了，

杨艳

但为了后续更好的发展，还需要继续努力。在党和政府的支持下，德昂族走上了文化致富的道路。

杨三、杨忠德、杨艳这一家人都走上了为人民服务的红色道路。红色家风是中华民族的精神财富，这一红色家庭不仅为人民做出了贡献，更重要的是他们能够带动德昂族人，带动千万个家庭，为国家发展、民族进步、人民幸福做出自己的贡献。杨三一家的"红色路"是党员家庭的一种表率，也是当下需要弘扬的一种精神。

德昂族

德昂族是我国人口较少的民族之一,主要分布在云南省的保山市、德宏傣族景颇族自治州以及临沧市。德昂族由于居住分散,自称、他称很多,例如"纳昂""崩龙""布雷"等。德昂族的语言属于南亚语系孟－高棉语族佤德昂语支,但没有本民族的文字。在德昂族的服饰中,最引人注目的是妇女身上的腰箍,当地人还根据德昂族妇女筒裙上的线条纹饰、颜色特征,分别称之为"花德昂""红德昂"和"黑德昂"。

陆永康
跪着的身躯扛起山乡的希望

人生并非命中注定。因为自小失去行走能力,他只能以跪为行。扎根基层教育40年,他日复一日跪在讲台上传道授业,年复一年跪着前行在山间道上,走村串寨做家访。一茬一茬的学生走了,他却始终留在大山深处。他用双膝支起了家乡人民对教育的信念,用坚毅和执着在人们的心中点燃了希望的星星之火。因为他,大山里始终回响着琅琅的读书声;因为他,孩子们的生命之旅有了新的起点。

陆永康

没想到自己能成为人民教师

出生后仅9个月,因小儿麻痹症导致双腿膝盖以下肌肉萎缩,陆永康这名水族孩子从此只能跪地行走。由于腿脚不便加之家境贫寒,陆永康到了上学的年纪也不能和同龄人一起到学校念书。但是,他并没有放弃读书的念头,这个梦想被他深深埋藏在心底。

到了1963年,陆永康终于有机会到离家几里地的孔荣村小学跟读。他克服了常人难以想象的困难,赤裸着双膝跪地行走，坚持辗转在家乡的几所小学求学。日子久了，他的两个膝盖上都磨起了一层厚厚的老茧。因为种种原因，陆永康只读到小学五年级便辍学了，但他并没有因此放弃学业，而是通过刻苦自学，学完了小学至初中的全部课程，成了当时村里为数不多的"文化人"。

1968年，陆永康所住地的孔荣村小学，因为教学条件艰苦、教师待遇低等缘故，最后一名教师也离开了。后来，村干部找到了他，请求他这个在本村还算肚子里有墨水的"秀才"教教孩子们。当时的陆永康心里是不安的：自己勉强算小学毕业，更何况又是个残障人士，站在讲台上都很困难，要怎么教孩子。但是一想到愚昧和贫穷给家乡和民族带来的阴影，陆永康便毅然接过了教鞭，成了一名民办教师，撑起了这所小学。

没想到自己能坚持36年

由于缺乏老师，学校里的学生也流失严重，陆永康到孔荣村小学任教的第一件事，就是把辍学的学生一个一个找回来。于是，白天上课、晚上家访，便成了陆永康的全部生活内容。对于常人来讲，在村里找孩子是件容易事，但到了陆永康这里，却难如登天。孔荣村的村民依山而居却不集中，他该如何在隔山隔沟且道路坎坷的大山中一步一步前行？虽无足可行，但陆永康的心始终牵挂着学生们的教育和前途。他用木板、旧篮球、废旧轮胎、铁丝自制了一双重达两千克的"船鞋"，缚住双膝，再拄上一根木棍，开始了艰难的家访、劝学之路。

那一段段崎岖的山路，常人若要走一个小时，陆永康手脚并用，至少要走三四个小时。因此，他常常傍晚出发，回到家就已经是满天繁星了。在家访的路上，陆永康被冰雹砸伤过，被蛇虫惊吓过，掉进沟渠过，身上时常青一块紫一块的，但他愣是这样跪着走遍了孔荣村小学周边所有的自然村寨，跪着迈进了每一个孩子家里的门槛。见到这样历尽千辛万苦进家劝学的老师，乡亲们无不感动。凡是陆永康到过的家庭，就算有再大的困难，他们都让辍学的孩子重新返回了校园，空荡荡的校园里又响起了琅琅的读书声。在陆永康的努力下，他的学生由最初的 30 名增加到 50 名，三年后达到了破天荒的 150 名，儿童入学率达到了 100%，这在偏远贫困的水族村寨可以说是一个奇迹。找回了学生，如何进行教学又成了陆永康面临的另一道难题。陆永康第一天跪着上讲台时，孩子们都惊奇地看着他。从孩子们齐刷刷的目光里，他读出了惊讶，读出了不信任，也读出了渴望。他告诉他的学生，虽然身体残疾，但是他有灵活的头脑，他会把自己所学的知识全部传授给他们，因为只有学好文化知识，长大了才能改变家乡贫困落后的面貌。为了做教学用的实物模型，陆永康养成了随时随地收集素材、学习手艺的习惯。受限于自己的知识水平，在遇到教学方面不懂的问题时，陆永康便会到 6 千米以外的中心小学向其他老师请教。此外，他还针对水族学生对汉语不熟悉的特点，创造性地采用了汉语+水语双语教学的模式，取得了良好的效果。就在这一年的毕业考试中，42 名毕业生中有 22 人考上了初中，这在孔荣村的历史上还是第一次。陆永康在孔荣村小学一教就是 13 年，13 年里他跪坏了 5 双自制的"船鞋"。

陆永康为学生传道授业

　　1981 年孔荣村小学合并到羊福乡中心小学，陆永康也随之转入中心小学工作。凭着自己多年刻苦自学，只有小学五年级文化程度的陆永康，在都江区民办教师文化考试中取得了第三名的好成绩，并成功转为公办教师。在转为公办教师后，有人劝陆永康，腿脚不方便，在教室里把书教好就行，没必要再往外面跑了。还有人劝他，应该开个证明回家休息，反正能领到国家工资了。陆永康却说，这些他都可以做，但是他却不能做。因为他已经和教学结下了深厚的情谊，已经割舍不下这里的孩子们了。

没想到自己能站起来

如今，陆永康的付出得到了回报。他的学生有的读了师范学校，毕业后回到家乡成了他的同事；有的走出了大山，成为发家致富的能手；有的考上了大学，成为国家的有用之才。陆永康用他的爱心守护着学生，学生们也悄悄地用自己的行动回报着恩师。他们连续14次为陆永康找寻医学专家，寻找着让自己的老师能够站起来的方法。

这个艰难跪行的身影，也感动了黔贵的山水。在黔南州委领导和社会各界的帮助下，陆永康在经历了14次复杂手术后，终于在助行器的辅助下站了起来。消息传到陆永康任教的中心小学后，学生们你一针我一线，为他们的老师绣了两双鞋垫，并托人带到了陆永康所住的医院，希望陆老师早日康复。2005年4月19日，是陆永康康复出院的日子。在进入羊福乡之前，要经过一座大桥。快到达大桥时，陆永康看到桥的两边挤满了学生，他知道，学生们是来欢迎他重返讲台的。现在的陆永康，可以穿着鞋站着为学生上课了，这让他更加充满活力，更加信心百倍地走上他心爱的讲台。

陆永康是大山的儿子，大山没有给予他伟岸的身躯，却赐予他伟大的灵魂。执教40年，跪教36载，陆永康用自己的膝盖丈量着教育的道路，所到之处留下的是一个乡村教师对国家教育事业的赤诚之心。他曾获全国五一劳动奖章、"全国师德标兵"称号和"全国优秀共产党员"称号，还担任了2008年北京奥运会火炬手。谈到自己当教师的初心，陆永康说："我图的是家乡能有个好面貌，我们的后代能过上好日子，家乡的娃娃都能读书有知识，我自己也能成为一个好老师。"

水族

水族是我国西南地区历史悠久的民族，主要分布在贵州及广西壮族自治区等地。水族有自己的语言和文字，水语属汉藏语系侗台语族侗水语支。水族文字被称为"泐睢"，汉族多称其为水书。水书是一种类似甲骨文和金文的古老文字符号，被誉为象形文字的"活化石"。水书记载了水族古代天文、地理、宗教、民俗、伦理、哲学、美学、法学等文化信息，是水族的百科全书。2006年，水书被列入首批国家级非物质文化遗产名录。马尾绣是水族最具特色的刺绣工艺，也被列入首批国家级非物质文化遗产保护名录。水族有本民族自己的历法——水历，因此他们有着自己的重要节日——端节。这是水族过节范围最广、参加人数最多、形式最隆重的一个节日，因过节时间长，也号称世界上最长的节日。

> 共筑同心圆
> 中华民族的家国故事

罗正和
对越自卫反击战中的"拉祜族英雄"

在对越自卫反击战中,有这样一位战士,他曾不顾敌人炮火,一人冲上敌人的机枪位,空手夺下敌人机枪,最终为大部队的冲锋争取到了宝贵的时间。如此英勇的行为得到了国家的肯定,他也在战后被授予了"战斗英雄"的称号。这位战士便是来自拉祜族的罗正和。

罗正和

年少参军,常怀报国志

罗正和出生于澜沧拉祜族自治县的一个拉祜族寨子里,他的父亲经历过中华人民共和国成立后带来的巨大变化,所以时常教导罗正和要跟着共产党走,才能过上好日子,这对他影响很深。因此当云南边防部队到寨子来招兵时,罗正和二话没说,便跑去报了名。

罗正和入伍后苦练自己的军事技能,练出一手好枪法,不久便成了副班长。1979年,对越自卫反击战爆发,罗正和所在队伍准备奔赴前线作战。在战前动员大会上,罗正和满腔热血地大声说:"我们是人民的军队,心中充满着对祖国和人民的热爱,只要祖国和人民需要我们,我们就要把青春献给祖国和人民！"此时，罗正和已经拿出了战死沙场的决心，可谓是一心报国。

孤身寻敌，勇夺机枪

老街战役爆发后，罗正和所在连队奉命向老街20号、21号高地发起进攻。很快，六连成功占领了20号高地顶端。正高兴之时，罗正和所在的一排收到消息，敌军退守21号高地，在那里架设机枪位，以密集火力阻拦我军的前进，因此一排的任务是找到并设法除掉机枪，为部队冲锋争取空间。

罗正和虽然因想到能上阵杀敌而变得兴奋，但他还是冷静下来，因为当时战场雾气浓重，敌人的机枪位隐藏在浓雾之中，很难确定方位。不过这雾同样能掩护我军战士，想到这点，一排的战士们赶忙向高地跑去。

到高地勘察后才发现，顶端的雾气很轻，山背上的雾气则很重，敌人之所以能够准确地发起火力进攻，就是因为"敌在暗我在明"。贸然冲锋风险太大，一排长决定先向敌人机枪的大概位置发射火箭弹，迫使敌人机枪开火，好进一步明确位置。随着火箭弹的爆炸，罗正和与战友们猛地跳出战壕向前冲去。突然，一梭子弹从罗正和头顶上飞过，显然敌机枪位已发现了罗正和的行动。情况危急，如果不能及时解决机枪位，全排将面临进退两难的境地。罗正和冒着弹雨努力向前爬，即使被山坡上的荆棘划伤，仍不断匍匐前进。

又是一阵密集的子弹射来，但罗正和却暗自窃喜，因为他通过判断机枪快速射击的出膛声，察觉到敌人的机枪位就在附近。他俯下身来，小心向前爬。透过浓雾罗正和看到了圆形的防御工事，而机枪就在里边吐着火舌。这时，他的副手也跟了上来，提醒罗正和投弹。一发榴弹过去，敌方机枪便停止了射击，显然是慌了神，敌人还探出头来观察。罗正和抓住时机，一下子冲了过去，想拿机枪直接击毙对方，却发觉枪没有打开保险，在千钧一发之际，他直接握住敌机枪的枪管，与敌射手争夺机枪控制权。即使滚烫的枪管灼烧着罗正和的手掌，他也丝毫不放松。这时又来了一名敌人，正要向这边投来手榴弹，说时迟那时快，罗正和提起右脚向敌射手踢去，鞋底的钢板正踢中对方的脑袋，那人应声倒地，手榴弹也飞了过来，砸中了罗正和的肩膀。他立即扔掉机枪，翻身滚到一旁的土坑，随着"砰"的一声，罗正和避开了爆炸的伤害。

这时队友也冲了上来，罗正和欣喜万分，他架起枪掩护同伴们，并点射击毙那些想反攻的敌人。很快，21号高地被我军夺下。这一战，罗正和歼敌4人，缴获机枪1挺、冲锋枪1支、75无后坐力炮1门。他的英勇表现得到了上级领导的表扬与肯定，战后中央军委授予他"战斗英雄"的荣誉称号。

退伍不褪色，英雄精神值得学习

这一战后，罗正和被提拔为排长。在对越自卫反击战结束后，他进入昆明陆军学院学习军事专业，后又到云南经济干部管理学院进行学习。褪下军装的罗正和来到了云南民族事务委员会工作，虽然不再是一名军人，但他始终以一名共产党员、一名军人的标准严格要求自己。

在新岗位上，罗正和作为一名新人，不怕苦、不怕累，主动学习新业务，扎实开展各项

罗正和的军功章

工作。正是有着这股精神，罗正和无论在什么工作岗位，都能干出名堂。1993年，罗正和荣获了"全国各族青年团结进步先进个人"称号。

"我是一颗躺在枪膛里的子弹，只要是祖国和人民需要，我还会义无反顾地飞出去！"这是罗正和常常挂在嘴边的一句话，也是他英雄事迹的一个缩影。

中华人民共和国成立之后，中华民族逐步富起来，强起来了。但外部敌对势力的图谋与挑战对祖国和人民的威胁始终存在。每到这些关键时刻，中华各族同胞们都会团结起来共同应对。在战争中涌现出来的一批又一批来自各个民族的英勇战士们，他们在枪林弹雨中一往无前，只为守护中华民族来之不易的

和平与发展局面。尽管我们身处和平年代,但始终要铭记那些为中华民族伟大复兴而抛头颅洒热血的战士们,更要铭记他们敢于斗争、敢于牺牲的英雄气概。这样伟大的民族精神,需要我们薪火传承。

拉祜族

拉祜族是中国古老的民族之一，主要聚居于我国云南澜沧江西岸。拉祜族有自己的语言文字，拉祜语属汉藏语系藏缅语族彝语支，分为拉祜熙、拉祜纳和苦聪三种方言。拉祜族在历史上原本没有文字，曾刻木记事、结绳记数。中华人民共和国成立后，在政府的帮助下，拉祜族对原有拉丁字母文字进行了改进。"抢新水"是拉祜族春节期间重要而独特的节日活动，人们认为新水是吉祥、幸福、圣洁的象征，谁先接到新水，谁家就会更有福气。每年初一清晨，听到雄鸡的报晓后，各家代表就会背起盛水的竹筒或者葫芦，奔向山泉边抢接新水。在接到新水后，人们会先将新水敬献祖先，后给老人洗脸。

共筑同心圆
中华民族的家国故事

吴秀芳
用心浇灌民族团结之花的锡伯族"妈妈"

1956年10月出生的吴秀芳成长于一个和睦的大家庭中，长大成人后的她就职于察布查尔报社，与大多数年轻女孩一样走向了人生的新阶段，与丈夫组建了美满的家庭，又拥有了一对健康可爱的子女，在踏实且幸福的平凡生活中感悟着生命的美好。天有不测风云，吴秀芳的丈夫在一场意外车祸中离世。这场突如其来的灾难将年轻的吴秀芳推入了深渊。年轻的她强忍着丈夫去世的悲痛，主动扛起了整个家庭的重担。数年里，吴秀芳独自抚养一双子女，还坚持贴身照料丧失行动能力的婆婆，直至老人寿终正寝。

拳拳母爱，用心养育8个儿女

1997年，经好心朋友介绍，吴秀芳结识了汉族人崔国新，与其共同组建了包含两个民族的新家庭。崔国新是一名送牛奶的工人，与吴秀芳的境遇相似，其在妻子去世后独自抚养6个孩子。家庭的重组本就非易事，更何况还涉及两个民族的结合。面对这样的情况，20岁出头的吴秀芳也曾有过犹豫，但看到崔国新家中那些失去母亲的孩子，她还是选择用瘦小的肩膀挑起生活的重担。吴秀芳曾暗暗下定决心，要用真诚的心来消除两个民族间的距离，要用纯粹的母爱来弥补遭遇过家庭变故的孩子们内心的伤痛。

大国小家，勤奋和团结是吴秀芳经营小家的智慧。吴秀芳身上具备着中国女性身上最亮眼的底色——勤奋。与崔国新结婚后，吴秀芳在政府脱贫攻坚、大力发展养殖业的号召下，饲养奶牛。养牛、卖牛奶成了家庭的主要经济来源后，吴秀芳每天天不亮就要起床喂奶牛、挤牛奶，在为孩子们准备好早餐后，再用自行车拉着清晨挤好的牛奶到市场上售卖。家里的经济情况在吴秀芳夫妇日复一日的努力下，逐渐好转了起来。但是家里人口众多，孩子们的学费更给家里带来了不小的经济负担，吴秀芬不仅要努力维持生计，还要为 8 个孩子攒出一笔学费。"我再苦再累，都没关系，要让家里的孩子都接受良好的教育"，吴秀芳将对孩子们的爱转化为奋斗的动力。

吴秀芳一家人

通过多年的坚持和努力，吴秀芬的奶牛饲养事业取得了一定进步，奶牛的数量也增加到 20 余头。在吴秀芳含辛茹苦的抚育下，孩子们都以优异的学习成绩为母亲交上了一份满意的答卷。2004 年，家里的两个孩子双双以优异的成绩考入理想的大学。在母亲勤劳致富行动的带动下，家里的孩子们都成了立志贡献社会、回报家庭的新青年。

"搞好民族团结"是吴秀芳常常挂在嘴边的话，对于她来说，大国之下便是小家，只有把家庭这一促进民族团结的基本单位经营得美满、和睦，才能为民族团结事业做出更大的贡献。"大家小家都是家，我们国家就是一个由多个民族组成的大家庭，家和万事兴，你们相处得好，做父母的才能安心，你们团结、和睦、融洽，我们的家才能幸福。"2016 年，吴秀芳家庭荣获第一届"全国文明家庭"荣誉称号,她颇为感慨地说:"今后,我们会更加注重家庭,注重家教,注重家风。而且我们家本来就是一个民族团结的教育基地,我会做好宣传,也会好好培养我们的下一代,希望他们也能用实际行动回报社会,不辜负党和政府给予的荣誉。"

热心助人,人间大爱飘满芬芳

在20多年里,吴秀芬先后为20多个贫困孩子插上了实现梦想的翅膀,用无悔的付出照亮了许多少数民族学生的人生之路。2004年,吴秀芳得知扎库牛录乡有孤儿困于贫困而被迫辍学,尽管自身的家庭并不富裕,但她仍然选择尽自己最大的力量来资助他们。"既然已经知道了孤儿们的难处,就没办法坐视不理,只有帮助到他们我才能安心。"既要负担家里8个孩子的生活,还要凑齐几名孤儿的学费,吴秀芳便和丈夫一起打工做农活、割草料。每次做农活时,吴秀芳的双手都被草料割得鲜血直流,她却始终不舍得花几元钱为自己买一双手套,直至现在,她的手上还布满了老茧。

吴秀芳的奉献是无私的,她以忘我的精神在少数民族地区用心浇灌民族团结之花,用心血和汗水谱写民族团结的新篇章。2005年,吴秀芳的一个女儿患上重病,需要入院治疗,本就不宽裕的吴秀芳为了给女儿治病,不得已把家里的奶牛卖掉。随着女儿病情的加重,吴秀芳在近3年的时间里,要负担每个月2000多元的医药费。尽管如此,吴秀芳也没有放弃资助贫困孩子。"我可以少吃一顿饭,也可以过着清贫的生活,但孩子们的学业不能断。"吴秀芳用真挚的语言表达出了一名新时代少数民族女性最动人的善良。

功夫不负有心人,吴秀芳资助的各民族学生飞出大山,像蒲公英的种子一样飘向祖国大地。对哈萨克族学生阿斯力来说,吴秀芳是他的锡伯族"妈妈"。阿斯力是吴秀芳资助的贫困学生之一,在长达8年的时间里,这位没有血缘的锡伯族"妈妈"坚持为他缴纳学杂费、购置衣物,不仅帮助他完成了学业,还悉心照料他的生活。阿斯力将吴秀芳视作自己的亲生母亲,吴秀芳也将这些孩

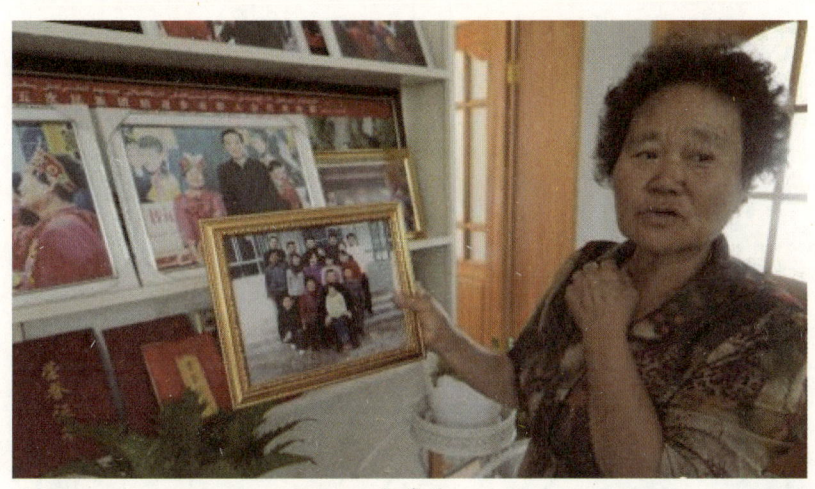

吴秀芳

子看作亲生子女,这种浓浓的亲情超越了血缘的羁绊,超越了民族的距离。"只要孩子们找到我寻求帮助,我就义不容辞,这些孩子就跟我自己的孩子一样。"从 2000 年起,吴秀芳曾多次被县、镇两级党委、政府评为先进生产者、民族团结先进个人。2004 年 5 月吴秀芳当选为自治州"十大杰出母亲";2008 年,她被评为自治区"民族团结先进个人"。面对这些荣誉,吴秀芳仍不忘初心,继续用心浇灌民族团结之花,这些绚烂绽放的美丽花朵就如同她的名字一样,秀丽而芬芳。而吴秀芳的人生就如同她的名字一样,自然击你以风雪,你报之以歌唱;命运置你于危崖,你馈之以芬芳。

锡伯族

锡伯族是我国人口较少的民族,主要分布在辽宁、吉林、黑龙江、新疆等地。锡伯族有自己的语言文字,锡伯语属阿尔泰语系满－通古斯语族满语支。锡伯文属拼音文字,是1947年在满文基础上加以改革而成。锡伯族供奉"喜利妈妈"和"海尔堪"祖先神,"喜利妈妈"是保佑家庭人丁平安、兴旺之女神,"海尔堪"是保佑牲畜兴旺之神。锡伯族最隆重的节日为怀亲节,又称"西迁节",是锡伯族西迁戍边的纪念日。射箭和赛马是锡伯族传统民间体育项目,具有悠久的历史,是本民族"善骑善射"历史传统的延续。锡伯族虽然人口不多,但是为开发、建设和保卫祖国东北、西北边疆做出了贡献。

章华生
阿克苏市红桥社区的"汉族丫头"

如亲女儿般的"汉族丫头"

红桥社区位于阿克苏市西北,是一个典型的多民族聚居区,生活着包括汉族、维吾尔族、回族在内的13个民族,其中维吾尔族居民占到总人口的85%。在红桥社区,有一个人的名字无人不知无人不晓,她就是章华生。在红桥社区各族孤寡老人们的口中,章华生被亲切地称呼为"丫头"。

章华生

提起章华生这个不是亲生女儿却胜似亲生女儿的"汉族丫头",维吾尔族老人买买提·艾买提和海力且木老两口总是赞不绝口。自1985年开始,章华生就走进了买买提老两口的生活,不仅在日常生活中关心着两位老人的衣食住行,也在情感上温暖着两位孤寡老人的内心。"这院子里的棚子,还有这棵无花果树,都是丫头给我们整的,我们家本来什么也没有,是她给我们修房子、装电话,买衣服和生活用品。下了班给我们买菜买肉做饭,而且也不嫌我们脏,就跟我们一起吃。"两位老人还将章华生的电话大大地写在墙上,因为章华生说只要老人有什么事，随时都可以打她的电话。为了方便更多的孤寡老人在有急事时能尽快联系到自己，章华生除了自费给社区15户孤寡老人家里安装上电话之外，还为老人们交电话费。"有困难就打我的电话！"章华生把自己的电话号码请人用维吾尔语写在老人们的床头，就是为了在老人们遇到困难时，她都能够及时赶过去。

2001年2月的一个深夜，买买提的老伴突发心脏病，买买提老人立马给章华生打去电话。"别紧张，我这就去你家！"顾不得穿袜子，匆忙套上衣服，踩着厚厚的积雪，章华生在路边拦了一辆出租车就马不停蹄地往老人家里赶。拨打急救电话、垫付医药费、安慰买买提，直到凌晨海力且木转危为安，她才拖着疲惫的身躯离开医院。"丫头简直就是把我们当亲生父母来看待！亲生儿女也比不过她！"买买提眼含热泪说道。

章华生与社区老人在一起

送孤寡老人们最后一程

孤寡老人们生前，她在身旁照顾关怀；老人们去世后，也是她悉心料理后事。孤寡老人们对章华生说害怕自己去世后没有人料理后事，死后也是孤孤单单的，她就拉着老人们的手说她来做，政府安排她来就是做这项工作的。

刘利群老人双目失明，孤苦无依，章华生就像一束阳光，照亮她人生的最后一程。1990年起，章华生就开始照料这位老人的生活，生活上无微不至的照料使得老人对这个"汉族女儿"越来越依赖。然而，不幸的是，2006年5月，刘利群在自己家中去世。出差回来的章华生一边流着泪，一边为老人整理遗容，和社区其他干部一起将老人的遗体送至殡仪馆火化、安葬，送她的老妈妈"最后一程"。努尔尼沙汗·塔西的丈夫去世时，章华生把身上仅剩的800多块钱塞了过来，不仅买来葬礼所需物品，还帮助家属按照穆斯林习俗举行葬礼。就像努尔尼沙汗·塔西说的那样："她对我们的好，我们一辈子也报答不完！"这句话不仅是章华生帮助过的老人们的心声，也饱含着家属们的感激之情。只要社区里面有孤寡老人去世，章华生总会给老人们料理后事，数十年来她已经陪近百名老人走完最后一程。

爱民、为民、解民之忧

社区内的居民遇到什么困难，只要章华生知道了，她就一定会帮忙。同事们都知道章华生有一个习惯，那就是随身都要记录群众希望解决的问题。每解决一件事，她都会做一个标记；标记在增加，辖区内各族同胞的心也与她越来越近。

章华生在社区日常走访过程中发现居民沙然木·达吾提脸色苍白、身体虚弱，立马把她带到医院进行检查。经过检查，沙然木·达吾提被确诊为子宫癌，而她的丈夫身患残疾，孩子尚且年幼，全家都需要她照顾。面对这个不到50岁却身患重病的维吾尔族妇女，章华生立马组织筹钱，最终筹到3万多元，可是要进行手术还差5000多块钱。家境也不富裕的章华生立马向他人又借了5000元，交到了沙然木·达吾提手上，使她的手术得以顺利进行。沙然木·达吾提说：

章华生与社区居民

"章华生给了我第二次生命,是我的救命恩人,是我的亲人!"

"汉族丫头"也被老人们记挂和感恩着。2008年底,章华生由于过于劳累在工作岗位上晕倒了,这一消息立马在社区传开。章华生照顾过的老人们和社区其他居民纷纷前往医院看望她。维吾尔族老人阿娜尔汗不知道章华生住的医院是哪一个,竟拖着残疾的身体一家一家医院找,一直找了三天,才找到了章华生。真情付出就会得到回报,章华生在日常生活中点点滴滴的关怀和无微不至的照顾,让这位老人即使一只眼即将失明,一条腿残疾,也要坚定地去看望她的"汉族丫头"。老人掏出从家里带来的两个馕递给章华生,两人紧紧拥抱在一起,这场景让人为之动容。馕虽小,但是却浓缩着老人对她的"汉族丫头"的关怀。作为基层干部,这就是最珍贵的礼物和情谊。

2009年11月,由于工作调动,章华生即将离开红桥社区。听到消息的居民们一大清早就围在办公室门口,流泪、哽咽、不舍得这个一心为他人着想的"汉族丫头"。

章华生被社区居民们惦念,也被党和国家铭记。章华生数十年如一日地勤勤恳恳地工作,热心体贴照顾社区居民,于1998年被评为阿克苏市创建国家卫生城市先进个人、阿克苏地区双拥工作先进个人。2007年被评为自治区妇联"巾帼建功"标兵;2008年被评为自治区优秀共产党员、自治区民族团结进步模范个人、"感动新疆十大人物";先后四次被评为"全国民族团结进步模范先进个人"……如今,章华生虽然退休了,但是她就像一面旗帜,引领着无数的基层社区干部做好本职工作,关爱孤寡老人,维护民族团结。就像章华生说的:"我虽然退休了,但我将坚持发挥余热,为居民办好事、实事。"

汉族

　　汉族是世界上人口最多的民族,广泛分布于全国各地,其他国家也有较多分布。汉族发源于黄河中下游,在统一的多民族中国形成、发展的过程中逐步确立其分布格局,还有一部分汉族移居海外,成了华裔或华侨。汉族在经济生活上,整体以农业为主,根据不同地区的条件而发展出多层次、多结构的形式,与手工业一同处于世界先进水平。在汉族传统社会中,家族观念根深蒂固。而汉族在宗教信仰上,从自然万物崇拜发展到祖先崇拜;外来传入的佛教和本土的道教都有着悠久历史。汉族尚礼重俗,在衣食住行上形成了各类规矩和礼节。汉民族在历史长河中,在吸收和融合众多民族文化的基础上,发展了其璀璨的文学艺术与科技。

夏米力·夏克尔
我有责任将新疆的民族团结之情用心唱出来

天生的艺术家

夏米力·夏克尔（下文简称夏米力）生于新疆奇台县，父亲是乌孜别克族，母亲是维吾尔族。他自小在能歌善舞的少数民族家庭里成长，血液里印刻的艺术细胞赋予了夏米力唱歌的灵性。1976年，夏米力以炮兵的身份入伍。天生擅长歌舞的夏米力毛遂自荐成了连队的教歌员，在紧凑的训练结束后为战友们唱歌、跳舞，每周教队友们一首新的军旅之歌。军营生活中同甘共苦的战友之情无时无刻不丰盈着夏米力的情感，激发着他创作歌曲的灵感。日积月累中，夏米力创作出了他的第一首歌《我是连队的歌唱家》。

夏米力·夏克尔

1984年，天赋过人的夏米力被新疆军区文工团发掘，任团内的主要独唱演员，两年后成为演唱队队长。为了在歌唱领域获得更深的造诣，1995年夏米力考入解放军艺术学院的音乐系，由李双江教授指导进行声乐系统化培训。4年后，学有所成的夏米力随团在边防进行慰问演出。座谈会上一名老兵说道："收到家里来信和观看文工团演出,是两件最让我高兴的事情。"正是这简简单单的几个字,让"十年走边防"计划在夏米力心中生根发芽。

"十年走边防"

2000年,夏米力制订了自己的"十年走边防"计划。从那年开始,他每年牺牲自己的春节假期或是全团休假时间,远赴边防一线部队前哨班进行各类慰问活动,如演唱会、座谈会、各类辅导班等。10年间,他不顾极端天气和地形的影响,始终践行自己的诺言。

夏米力·夏克尔在演出

"红其拉甫"在塔吉克语中意为"血染的通道",位于海拔4700多米的帕米尔高原。"天界红哨"红其拉甫边防连正驻扎于此。2001年春节,白雪夹冰覆盖在红其拉甫崎岖颠簸的道路上,在前往该边防连演出时,因司机疲劳驾驶,夏米力所乘车辆在陡峭的盘山路上打了几个圈后侧翻坠入山涧。他强忍伤痛爬上山坡,第一时间将身负重伤的司机安置到返回喀什的救护车上,自己进行简单的伤口处理后,继续换乘车辆赶往边防连队。到达红其拉甫边防连的时间比预计晚了2小时,但夏米力并没有将车祸情况告知他人,而是忍着伤痛和高原反应,神采奕奕地为战士们送去歌声和问候。

3年后的又一个春节,夏米力奔赴风雪肆虐的"风中哨所"阿拉山口边防连进行慰问演出。他在寒风中手执风琴、热情献唱。尽管四肢在零下20多摄氏度的气温下已冻得发紫,但夏米力仍旧坚持不落下任何一名战士,并严肃说道:"不能因为一点困难就取消演出,那里有许多可敬可爱的战友在等着我,我不能让他们带着失望过春节。"

夏米力曾说:"我也动摇过,毕竟我也是人,一个普通的人。但战士们的掌声和笑脸给了我走下去的信心和勇气。"为了"十年走边防"计划,夏米力个人行程累计5万多公里，先后前往西部边境百余个边防连队和前哨班，涵盖巴基斯坦、吉尔吉斯斯坦、塔吉克斯坦、俄罗斯、哈萨克斯坦、蒙古等边境地区，举办慰问演唱会120多场，座谈会60余场，并附赠两万多张个人电子版专辑。2005年，夏米力从近百名候选人中脱颖而出，以工作认真务实，待人真诚守信的艺术家形象被新疆维吾尔自治区诚信评估中心聘任为新疆维吾尔自治区首任诚信形象大使。他将诚信看作是社会交往的财富，他将"十年走边防"计划看作是一个必然要践行的承诺。

反哺家乡，不改初心

夏米力的家乡在新疆奇台县。出道后，他一如既往地关心新疆的慈善事业，经常利用业余时间参加社会公益活动和爱心慈善活动。夏米力曾以个人名义为贫困地区援建小学、资助贫困学生和白血病患者等捐款捐物共300多万元；组织抗洪救灾等公益性慈善演唱会百余场。为了弘扬他的优秀品质并感谢其对新疆慈善事业做出的突出贡献，2003年夏米力被新疆慈善总会聘任为新疆首任爱心慈善大使。

作为新疆首位爱心慈善大使，夏米力致力于为更多需要帮助的弱势群体解决实际困难。2003年，新疆喀什发生了6.8级地震，强烈地震造成200多人死亡、2000多人受伤。夏米力在得知消息后，第一时间赶赴地震灾区，将自己平日里省吃俭用攒出的1万元亲自交给了受灾影响较重、无力继续学业的100个孩子，支持他们重返校园。同年，新疆喀什有一名18岁的维吾尔族女孩不幸患上白血病，因无钱医治被迫放弃治疗。夏米力了解情况后，立刻赶往医院探望。看到面色苍白、躺在病床上艰难抬手的孩子，夏米力的眼泪止不住地滚了下来。他将自己手头现有的3000元人民币交到了女孩家人手中，随后，他又将演出收入中的1万元再次捐给女孩用于治疗。正是这笔雪中送炭的救命钱，让女孩赢得了宝贵的治疗机会。后期经过多方努力，年轻的女孩终于战胜了病魔，重获新生。

这些故事，仅是发生在夏米力身上诸多故事中为人所知的几个。在任职慈善大使前，他就一直默默耕耘在公益事业上。新疆慈善总会马莉秘书长曾在中央电视台的采访中说道："夏老师用美好的心灵和歌喉，抒发着他对新疆和人民的热爱。他的血液里，融入了对艺术的热爱和对慈善事业的执着，他是人们心目中仰慕的艺术家和公益使者。在新疆慈善发展史上，夏老师的功绩是不可磨灭的。"

　　人的一生中 10 年转瞬即逝，数十年如一日耕耘一个领域却是那样不可思议。夏米力用歌声传递着祖国对戍边战士们的关切，他用真情为黑暗中挣扎的人们带去了光和重生的希望。

乌孜别克族

乌孜别克族是我国人口较少的民族之一，主要分布在新疆伊宁、塔城、乌鲁木齐以及喀什、莎车等地区。乌孜别克语属于阿尔泰语系突厥语族，有以阿拉伯字母为基础的拼音文字，但很少使用。当前，乌孜别克族主要信仰伊斯兰教，婚姻、节日、生活方式等众多方面都深受伊斯兰教的影响。乌孜别克族的传统服饰以男女戴各式各样的小花帽"朵帕"为特点。乌孜别克族能歌善舞。乌孜别克族的器乐种类很多，大多为弹拨乐器和打击乐器，其中以三角形的"斜格乃"琴最有特色。《阿勒帕米什》是乌孜别克族流传广、影响大、有口皆碑的英雄史诗。

董志春
基诺百姓的"老董叔",社区民警的"老革命"

"热带雨林中的基诺山,在那遥远的故乡……雨林覆盖着的故乡,那凉爽的清风,优美的环境,绿色的家园,不同季节盛开的野花紧围着故乡的身旁,故乡装扮出花的海洋。植物倾吐的芬芳,空气清香,迷人陶冶,醉倒了人们。"这是著名基诺族作家张志华描写的基诺山,也是基诺族民警董志春工作了几十年的地方。

董志春曾参加过对越自卫反击战,于1984年复员回基诺山,同年12月成了景洪市公安局基诺派出所的一名民警。自1984年至今,董志春致力于维护基诺山民族团结,关爱民族青年,用心处理每一起案件,践行"人民警察为人民"的使命,让每个基诺山的人都感受到了温暖。在社区民警心目中,他是参加过对越自卫反击战的"老革命";在基诺山百姓眼中,他是时时刻刻为基诺百姓着想的"老董叔"。

董志春和群众在一起

牢记使命，服务为民

20世纪80年代，中国刚开始实行"改革开放"政策，西部地区的经济和社会处于较为落后的状态，西双版纳州的基诺山更是处于一种较为落后的原始状态。落后的交通条件和信息化发展水平，使得这一地区难以得到良好有效的治理。

1984年，复员后的董志春为了继续践行"为人民服务"的使命，决定从事公安事业，并于同年12月被市公安局分配到基诺派出所。当时的基诺派出所，加上董志春一共只有3个人，所里的事务由一名当时岁数较大的特派员进行统筹协调。3人中属董志春最年轻，且腿脚最利索，所以只要是关于与基诺山的民众进行沟通协调的工作，都由董志春一人负责。在当时，整个派出所只有一个代步工具——一辆自行车，而且会骑自行车的只有老所长一人，因此董志春每次单独出警，都是靠着一双腿在泥泞的土路、崎岖的山间小道上行走，可以说每次出警都步履维艰。

董志春在工作中遇到的困难不只有体力上的劳累，还有文化上遇到的障碍。刚参加工作时，董志春文化程度并不高，所以在面临文字工作时难免有些力不从心，但这并没有成为"老董叔"偷懒的借口。在工作中他一直秉持"滴水能穿石"的信念，用脚踏实地的方式扎进各社区、扎进各村寨，挨家挨户地对每个家庭的基本情况进行提前了解，以备不时之需，并将了解到的各项情况，做好文字笔录，锻炼自己的文字写作能力。

董志春和同事走访群众

40 年，74 本笔记，里面记录了基诺山 7 个村委会、46 个自然村内几乎所有人的基本情况，在这几十本笔记后面，是董志春几十年如一日，用双脚一步步与村民建立起来的紧密联系。基诺山上大大小小的事，民众都是先反映给他。因为对于基诺山上的村民们来说，董志春并不是外人，而是他们亲切的"老董叔"。

禁枪宣传入人心，村民主动缴枪支

狩猎是传统基诺族生活的一部分，也是传统基诺族获得食物的渠道之一。在狩猎的基础上形成的围猎活动，彰显着传统基诺人的一种生活理念，形成了基诺百姓在中国全面禁枪前保留枪支的习惯。

在一次围猎活动中，一个村民因为误判将另一位村民当作猎物射杀了，导致两个家庭支离破碎。这引起了当地的重视，董志春也意识到村民私自持有枪支存在极大的安全隐患，就决定对村民持有的枪支实行管控，希望通过收缴枪支来减少此类悲剧的发生。

但是当时基诺山村民们封闭保守，认为火药枪是他们赖以生存的工具，并且传统基诺族村民的丧葬仪式必须有火药枪来作为陪葬品，所以当时董志春的控枪行动，由于村民拒不配合，收效甚微。于是董志春转变了思路，开始对村民进行法制宣传教育，以改变村民们封建落后的思想。从那之后，董志春的控枪宣传教育、收缴枪支的劝说工作一直在各村进行。在多年的教育下，村民们的落后思想逐步发生变化，为后来的全面控枪奠定了坚实基础。

在《中华人民共和国枪支管理办法》出台后，国家加强枪支管理，从民间收缴枪支并进行统一处理。由于前几年的宣传教育工作，基诺山的村民们对枪支的收缴并没有体现出明显的抵触情绪，但是谁都不想第一个把家里的火药枪交出去。

遇到这种情况后，董志春决定先从自己的亲朋好友开始，让他们做一个好的表率。随着第一把火药枪的上缴，配合董志春之前的控枪宣传教育，越来越多的村民主动上缴家里的枪支，前前后后共收缴了千把枪支。董志春也因缴枪工作的丰硕成果而先后两次被评为"全省缉枪治爆专项行动成绩突出个人"。

他是社区民警眼中的"老革命"，是基诺山人民眼中的"老董叔"。40年，74本笔记，他把青春奉献给了基诺山，一直奋斗在基层一线，并用行动书写担当，为初心而战。对于董志春来说，无声的荣誉才是最高的勋章！

基诺族

基诺族是云南省特有的少数民族,是我国最后一个被确认的少数民族。基诺族大部分聚居于云南省西双版纳傣族自治州景洪市基诺族乡,其余散居于基诺族乡的四邻山区。基诺族日常生活中使用基诺语,基诺语属汉藏语系藏缅语族彝语支。基诺族没有文字,过去多以刻木、刻竹来记数、记事。基诺族人喜爱歌舞,其中基诺大鼓舞热情奔放、风格独特,将基诺族的舞蹈、音乐、民俗等融为一体,具有浓郁的民族特色,被列入第一批国家级非物质文化遗产名录。

项老赛
传承与创新民族技艺的户撒刀王

户撒刀也叫阿昌刀,因产于阿昌族聚居的陇川县户撒乡而得名。户撒刀已经有600多年的悠久历史,早在明清时期就享有盛名,品种繁多而且极富民族特色,远销国内西南地区及缅甸,为各民族所喜爱。户撒刀是全国四大名刀之一,还与维吾尔族的英吉沙刀、保安族的保安刀,并称为"中国三大民族刀",因"柔可绕指,削铁如泥",位列三大民族刀之首。

项老赛

技艺精湛的户撒刀王

阿昌族在古代以狩猎为生,刀对他们有特殊意义,关于刀的传统一直保留至今。如今阿昌族里制刀技术最好的人,便是项老赛。他1960年生于云南陇川,因锻造的户撒刀坚韧锋利,享有"户撒刀王"的美誉。

项老赛曾告诉记者:"我们阿昌族,一辈子都离不开刀。小孩满月要送辟邪刀,男孩长到十三四岁要佩小铜刀,小伙子送给姑娘的定情信物是小银刀,迎娶新娘时要佩戴长刀,进山砍柴、下地劳作更是刀不离手……"

因为常年打刀，项老赛身材壮硕，总是很有活力，一双手长满了老茧。"张丰毅跟我掰手腕，掰不过我。"项老赛有些得意地笑道。他祖上四代打刀，自小随父学习打刀技术，14岁就开始独立操作。在通红的炉火照耀下，时光叮叮当当地溜走。30多年来，项老赛打过无数刀具，精湛的淬火技术堪称一绝，在户撒刀界有着举足轻重的地位。2006年，户撒刀被评选为国家级非物质文化遗产后，地方举行了首届户撒"刀王大赛"，项老赛在比赛中一举夺魁，由此赢得了"户撒刀王"的称号。

项老赛在锻造刀具

锻造一把户撒刀，从选料、制坯、打样，到淬火、抛光、雕刻，共有二三十道工序。"最关键的是淬火，火候一定要掌握得分秒不差，稍不留神就会前功尽弃。"年轻时，项老赛除习得家传绝学外，还遍访阿昌族锻刀名师，改进了户撒刀淬火技艺。他锻造的刀坚韧锋利，在户撒刀具中独占鳌头。

淬火交融的民族团结

吹毛利刃的户撒刀，本就是中华文化交流融合的果实。据历史记载，阿昌族冶炼之术古已有之。明将沐英平定云南后，便在户撒驻屯并锻造兵器，传统工艺与中原锻造技术相融合，遂成名震天下的户撒刀。而这种工艺由阿昌族匠人不断改良，一代代传承至今。

户撒刀具极富民族特色,为各民族所喜爱。户撒刀最早的形态以农具为主,长刀次之,且服务的是本地人。但是,户撒这个山区,刚好位于多民族聚居的盈江和陇川之间,两地交往密切。于是,户撒的阿昌族铁匠,就为周边傣族、景颇族、傈僳族等民族所共享,其制作的既有景颇族、傈僳族最喜爱的背刀,也有傣族、阿昌族喜爱的尖刀和砍刀,还有专为藏族打的腰刀和长刀,以及其他民族用的菜刀、镰刀……可以说,户撒刀具推动了云南多民族地区的交流交往,见证了民族团结的悠久历史。

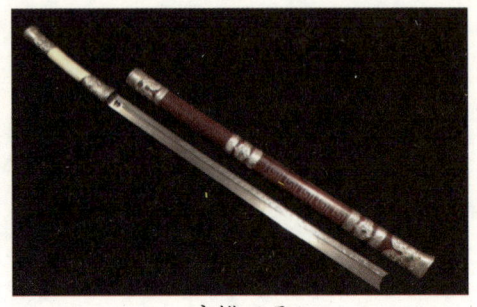

户撒刀具

"20世纪80年代,我们阿昌族打刀人的生活过得很清贫。"项老赛说,当时地处中缅边境山区,经济、社会、交通各方面的发展都较落后,阿昌族打刀人将刀打好后,交给卖刀人,由卖刀人翻山越岭去寻找买家。"钱都是卖刀人赊着,卖出去了才给我们钱。"迫于生活的压力,项老赛开始寻思怎样让刀卖出好价钱,于是他悉心钻研刀身雕花工艺,刀柄和刀鞘的用料、样式也更加考究。这使得户撒刀从阿昌族的生产生活用刀向工艺刀方向转变,从而将销售市场从云南少数民族地区拓展到世界工艺品收藏领域。

2006年后,得益于"户撒刀王"和"国家级非物质文化遗产"两块金字招牌的加持,在几乎家家户户都有打刀作坊的户撒乡新寨村,仅项老赛一家,销路最好时卖刀年收入高达200万元人民币,日本、挪威、法国、泰国等国家的刀具收藏家慕名而来。外国收藏家对户撒刀的推崇,使中国工艺刀具在国际上声名鹊起,也让项老赛等户撒刀匠对这项民族技艺充满了自豪。

民族瑰宝,传承创新

阿昌族的铁器加工一般以家庭为单位,打制技术大多是父子相传。各家都有自己拿手的产品,还会刻上不同记号以示区别。"老手艺在保证手艺活不偷懒的同时,不断进行升级和创新,必定能活过来、传下去。"项老赛说道,"以前我们生活困难的时候做了这些刀,我相当有感情,我心里面忘不了,这些东西养了我一家老小。"靠着打刀卖刀,项老赛分别给4个儿子娶了媳妇,盖起新房,全家19口人的日子过得红红火火。4个儿子无一外出打工,全部子承父业。项红安是项老赛最小的儿子,相比父亲在锻造技艺上的精进,项红安和他的三个哥哥更在意传播方式上的创新。

项老赛

几年前,项老赛的儿子们为自家户撒刀建立了官方网站,在短视频平台上创立的账号"中国项氏名刀"粉丝也已超过6万。项红安说:"户撒刀的实用功能正在消退,卖刀也受到地域限制。这项技艺要传承下去,让更多人关注,必须找到新的传播方式。我的愿望是建造一个户撒刀博物馆,为游客提供现场体验,发展民俗旅游。让户撒刀'换一种方式'流传下去。"

阿昌族

阿昌族是云南特有的、人口较少的几个少数民族之一，主要分布于云南省德宏傣族景颇族自治州陇川县户撒阿昌族乡、梁河县曩宋阿昌族乡、九保阿昌族乡。此外，在邻国缅甸也有部分阿昌族分布。阿昌族在古代汉文献中，曾被称为"峨昌""莪昌"等，现在通称"阿昌"。阿昌族还有不同的自称，如户撒地区阿昌族自称为"蒙撒""傣撒"；梁河地区阿昌族则自称为"汉撒""阿昌"。1953年政府根据阿昌族人民的意愿，决定统一称为"阿昌"。 阿昌族有语言无文字。阿昌语属于汉藏语系藏缅语族缅语支，有陇川、梁河、芒市3个方言。由于长期与汉族、傣族等民族交错杂居，阿昌族一般兼通汉语、傣语等其他民族的语言或方言，使用汉字。

岩龙
对越自卫反击战中的孤胆神枪手

自幼参军,艰苦磨砺

1960年的冬天,地处祖国西南边陲的景洪少了些许寒意,太阳和煦地抚摸着这座小城。在一户普通的傣族农民家庭里,他们迎来了一个新生命。他叫岩龙,就如他名字中的龙一样,他在那个动荡的年代注定不平凡。

岩龙从小聪明、活泼,他在小学时代就喜欢看有关黄继光、邱少云、董存瑞等英雄人物的连环画和故事片,幼小的心灵深深地烙上了英雄的形象。与同龄人不一样,尚未成年的岩龙曾多次向武装部提出申请,要求参加民兵组织。没过多久,他终于实现了当民兵的愿望。17岁那年,他便展现了非凡的射击能力。那年西双版纳军分区正举行全州民兵军事大比武,岩龙被选拔为射击运动员,参加了军分区组织的民兵轻武器第一练习、第二练习实弹射击和对抗射击,获得了两个第一的好成绩,并被评为射击全能冠军,还为景洪县夺得了射击第一名的锦旗。

1978年初,岩龙满怀报国壮志,踏入了军营。入

岩龙

伍前，岩龙虽然有一些军队事务基础，但他书读得少，文化水平低，加之又是少数民族，还出生在边疆农村，社会阅历浅。到部队后他遇到了一个大问题：普通话太差了，他几乎无法与其他人交流。可他很机灵，极有眼力见儿，大家做什么他就跟着学、跟着练，非常勤快，憨厚可爱，战友们都很喜欢他。岩龙对军事训练非常投入，特别是射击项目。一向开朗的岩龙，只有一次掉了眼泪。他学机枪射击时，第一次实弹打靶，一扣扳机，哒哒哒哒，子弹不知飞到哪里去了。他低着头，不敢看人，泪珠直往下掉。他明白自己要加倍训练，才配待在军营里。于是岩龙在夏天滚烫的泥地上一卧就是几个小时，他握着机枪，直到胳膊肘肿了也不肯结束训练，后来胳膊肘上都生起了厚厚的老茧。他白天练，晚上也练，抱着机枪瞄星星、瞄灯火。就这样，岩龙用半年多时间练出了过硬的射击技术，后来在连、营、团举行的7次步枪实弹射击考核中获得了7次优秀，全连干部战士对他无不交口称赞。未来的"孤胆英雄"，就这样打下了坚实的军事技术底子。

岩龙练习射击

奔赴战场，对越反击

1979年2月17日，对越自卫反击战打响。平日里欢乐热情的岩龙心中燃起了愤怒的火焰，他关心祖国的安危、人民的疾苦。他请来好朋友阿伐念报纸给他听，在离他们住的地方不远处，越南侵略者侵占我国领土，杀害我国边民，人民的血在流。岩龙怀着誓死保卫祖国的决心，在战前的一次班务会上，他向党立下了钢铁誓言："在战斗中，我一定以黄继光、董存瑞为榜样，勇敢顽强、灵活机智地为保卫祖国、保卫边疆英勇战斗，不管在任何艰难困苦的情况下，我都要坚守阵地,坚决完成一切战斗任务,不让祖国的领土丢失一寸,宁可前进一步死,绝不后退半步生,请党支部和同志们在战斗中考验我。"

几天后,岩龙所在部队突破敌前沿阵地后,五连奉命向老街东面的南征地区突进。二排是连队的尖刀排,四班又是排的尖刀班,岩龙就在这个刀尖上。部队行进到 78 号高地附近,突然与敌相遇。敌人居高临下,以猛烈的火力撕咬我军,打得树枝、碎石乱飞。在激战中,排长不幸中弹牺牲,岩龙所在的第二战斗小组 3 人负伤,只剩岩龙一人苦苦坚守。

战友一个个倒下,岩龙看在眼里急在心中。他环顾四周,发现敌军右侧方是一条小山沟,他灵机一动,顺势一滚,滚进了小山沟里,绕到敌军工事附近的草丛,而敌人根本没有发现他。岩龙找好位置,瞄准火力最强的机关枪手,果断开枪,机关枪瞬间没了声音。还没等敌军反应过来,岩龙就灵活走位,打一枪换一个地方,搞得敌人晕头转向。瞬间,多名敌人倒地而亡。越军被吓得赶紧躲进工事里,不敢露头。气急败坏之下,子弹如洪水般涌向了草丛,敌人试图将隐藏在草丛中的岩龙打成"筛子"。正当越军疯狂扫射时,侧翼飞来一颗子弹,对着敌军机枪手脑袋横穿而过,敌人应声倒地,射击声音弱下来。趁敌人愣神之际,岩龙接二连三开枪射击,射倒一个又一个⋯⋯

78 号高地渐渐没了声音。这让面对越南兵猛烈炮火艰难突击的五连二排感到奇怪。为什么没有声音了?难道是援军?连长赶紧联系连部,连部回答,周围并没有兄弟部队支援。就在这时岩龙灰头土脸地跑了回来,高兴地乐开了花儿,大喊着:"打着了,打着了。"连长问他:"打着什么了?"岩龙兴奋地说:"我打着敌人了,死了好多。刚才回来的路上,还撂倒两个。"在连长问及他歼敌数量有多少时,岩龙犯了难,查看了子弹,走时带 150 发,现在剩 25 发。他边回忆着边说:"打死 56 个!"

孤胆歼敌，振显军威

岩龙没有因为立功就骄傲，反而是以高昂的状态，继续投入到下一场战斗中。但接下来的行军，却让英雄就此倒下。

1979年2月25日，上级命令，五连继续沿公路向北进发。当部队刚刚到公路拐弯处时，早已埋伏在草丛中的越军斥候射出两发子弹，其中一颗不偏不倚地射中了走在队伍最前排的岩龙。战士们瞬间反应过来，向着刚才子弹射出的方向疯狂扫射。但年仅19岁的岩龙却不幸牺牲。

同年，部队党委根据岩龙生前志愿，追认他为中国共产党党员，中央军委授予他"孤胆英雄"称号。岩龙是中国人民解放军的傣族兄弟姐妹中的第一个战斗英雄，他被安葬在河口镇附近一片绿草如茵的山坡上，自这里向南，就是边境线，岩龙的事迹在这里被人们传诵。

傣族

傣族主要聚居在云南省西双版纳傣族自治州、德宏傣族景颇族自治州以及耿马、孟连等地,边疆傣族地区与缅甸、老挝、越南接壤。傣族按分布地区有傣仂、傣哪、傣绷、傣雅等自称。傣语属汉藏语系侗台语族壮傣语支,主要通行德宏傣文和西双版纳傣文两种。干栏式建筑是傣族的民居特色,而傣族的主要节日有关门节、开门节、泼水节等。

杨绍书
船头山上的引路人

杨绍书是贵州省黔西县的一名农村代课教师。40 年来,为了让更多的苗族孩子走出大山,迈向更广阔的天地,他坚持在大山崖壁中播撒知识的种子,一心扑在农村的教育事业上。

一座"学堂"一老师,苗寨育人先行者

贵州省黔西县瓦房村哈冲苗寨是杨绍书的家乡。这座苗族村寨位于船头山上,海拔 1000 多米,上有悬崖峭壁,下有奔腾江河,几乎整个寨子都是挂在悬崖峭壁上的,虽然风景秀丽,但生存环境相当恶劣。在山川大河的自然阻隔下,寨子与外界鲜有联系。

1977 年,由于家庭困难,刚上了半年初中的杨绍书不得不辍学在家。由于他是苗寨第一个初中生,时任公社书记的彭正祥找到正在家中干农活的杨绍书,对他讲:"咱们苗家人为什么穷?就是因为没有文化,连汉话都不会说,你现在是我们这儿最有文化的人,公社想请你办个识字班,教娃娃们读书!"

杨绍书

对于当时的普通家庭来说，教孩子读书识字是一个体面的工作，不需要大量的体力劳动，又能得到不错的待遇，是个难得的好机会。但此时的杨绍书却陷入了犹豫之中：一是担心自己的学问不够；二是他本打算走出深山，到外面的世界闯荡一番。经过慎重考虑，杨绍书下定决心，为家乡的教育事业贡献自己的一份力量。

在家人的帮助下，杨绍书收拾了家里的堂屋，开设了一个小小的"学堂"。此时，"学堂"的教学条件极其艰苦，窗子是破的，屋子是暗的，桌椅板凳是七拼八凑弄来的。多年后，杨绍书回忆起当时的情况，这样描述道："门板当课桌，小板凳当椅子，就这样上课，黑板是请木工做的一小块，就相当于现在的小黑板，不过是木头的，用墨汁刷黑当黑板用。"在如此艰苦的条件下，杨绍书仍给孩子们带来了走出大山的美好希望。

求学路上多艰辛，刀砍镐凿把路辟

到了 20 世纪 90 年代，若只依靠每月的补贴，已经难以支撑家里的开销。为了给家里两个上初中的孩子解决学费问题，杨绍书曾在暑假跑到广西挖煤。每当夜幕降临，杨绍书望着天上的繁星，感觉那好像是学生们求知的眼睛。暑假一结束，杨绍书便马上收拾行李返回了苗寨，继续把知识带给学生们。

1995 年，杨绍书的教学点被合并到华山小学，教学条件因此得到了极大的改善，这对于杨绍书和他的学生们是一件好事。可是，一个更大的困难摆到了他们面前：从村寨到学校虽然只有 4 千米左右的路程，但必须翻过悬崖才能到达。

杨绍书没有被困难吓倒，他决定攀着船头山，带上镰刀镐头，一刀刀、一镐镐地开辟一条可供孩子们走的路。从崖底到山顶的直线距离不足 500 米，可路程却是艰险无比，有些地方陡峭到几乎与江面垂直，只能抓住树根或是石头缝才能攀爬上去。为了孩子们的安全，杨绍书全程接送孩子，遇到坎坷的地段，他总是小心翼翼地照顾着孩子们。一名学生说："杨老师总是背着我们，拉着我们。"为了保持道路的畅通,杨绍书还定期带着工具清理荆棘和杂草。

杨绍书背着学生赶路

杨绍书说:"夏天温度高,娃儿走到学校都累蔫了;雨水还多,有几回小路直接被山洪冲得不见踪影。"然而,就是在这崎岖的山路上,杨绍书一走就是 20 多年,带着一茬又一茬的苗族孩子走出山村,走向新的未来。

余热未尽献,老骥不偷闲

近些年来,贵州省大力推行易地扶贫搬迁政策。面对新的政策,许多村民都犹豫不决,他们担心搬迁之后会失去土地,生计得不到保障。面对村民们的顾虑,杨绍书积极宣传党和政府的政策。在他看来,摆脱贫苦生活的根本方法就是走出大山,融入现代社会当中,让孩子们接受更好的教育。

在杨绍书的努力下,村民们顺利搬迁到安置区,不少苗族孩子转入黔西县第十小学。由于环境的改变,再加上对汉语不熟悉,苗族孩子怎样顺利适应学校生活成了最大的问题。为了使苗族孩子尽快调整过来,第十小学的校长特意找到杨绍书,请他做学校的双语辅导员。

杨绍书说:"虽然只有浅薄的知识和力量,但如果哪个娃娃需要我,我都会坚持到最后一分钟,尽力去帮助他们。"如今,已年近花甲的杨绍书,依然在黔西县第十小学发光发热,沉浸在他所热爱的教育事业中。

杨绍书给孩子们讲课

　　杨绍书为山里的苗族孩子带去了光明和希望。一介书生杨绍书，教书育人把家留，登高涉险皆不怕，只求娃儿有学读，几十年来如一日，初心不改鬓已衰，不羡富贵不羡权，唯愿大爱洒人间。

苗族

苗族人口在我国56个民族中位居前列。苗族人口的分布特点为大杂居、小聚居，很多省、自治区、直辖市均有苗族分布。苗族语言属汉藏语系苗瑶语族苗语支，有文字。苗族服饰丰富多彩，尤以妇女服饰变化最多，其中最突出的特点为尚银饰，有头饰、首饰、胸饰之分。苗族的音乐丰富多彩，其中最普遍的是民歌曲调和芦笙曲调，而芦笙曲调是苗族音乐中最有代表性的曲调，芦笙舞是苗族最有代表性的传统节目。苗族妇女长于刺绣、蜡染，苗族的银饰打制技艺较为精湛。

共筑同心圆
中华民族的家国故事

关慧明
"蒙古马精神"的践行者

一顶草帽从青丝到白发，他每年300多天与菜农无异，在田间地头为菜农服务，菜农们亲切地称他为"跑腿专家"。三十余年扎根田野，他坚守初心不变，在科技兴农、乡村振兴的征程中立下赫赫战功。翻阅他的履历——首次提出冷凉蔬菜概念，牵头成立全国首个冷凉蔬菜院士工作站，连续攻克多项世界性难题，带领团队成员推广冷凉蔬菜15万亩，每年帮助农民增收4000多万元……他是达斡尔族的"北疆楷模"，是劳动模范，更是我们身边的榜样，他就是内蒙古自治区乌兰察布市科技特派员关慧明。

关慧明

做农牧民的可靠好兄弟

关慧明1980年就读于内蒙古农牧学院蔬菜专业时，就把为农民做点事的理想默默地记在自己的心里。毕业后，关慧明被分配到科技局当秘书。没多久他就主动申请到农业生产一线工作，从此以后，关慧明再也没有离开过农田。谈到为什么要去农业生产一线，关慧明表示，自己学的是农业技术，不能荒废了，只有在田间地头才能发挥作用。

察右前旗平地泉镇南村的村民李巨宝，曾是关慧明帮扶的对象之一。一天，李巨宝找到了关慧明。"关老师，您看看我这个黄瓜得了什么病，有没有施救的办法？"关慧明观察后，告诉李巨宝："你的黄瓜感染了植物花叶病毒，今年这种病毒感染现象挺多，你不用担心，我给你送一种药剂，你用它喷洒一遍就能解决问题。"听到自己的黄瓜有施救办法后，前两天还一筹莫展的李巨宝脸上立刻有了笑容。

关慧明向种植户讲解蔬菜病虫害防治

在乌兰察布，因关慧明受益的农民还有很多。夏日华是察右后旗察汗不浪嘎查的牧民，也是察汗不浪嘎查的党支部书记。在一次农业科技培训会上，夏日华结识了关慧明。此后，关慧明就经常在种植、养殖等技术方面给予夏日华专业的指导。在关慧明的建议下，夏日华尝试养殖西门塔尔牛，一年后就回了本。现在，夏日华一共养了60多头西门塔尔牛，年收入达到15万元。

不论是关于种植业还是养殖业，只要有人请教关慧明，他就会细心地指导。自参加工作以来，关慧明每年都有300多天坚持在田间地头为农民服务。截至目前，关慧明累计培训菜农10多万人次，义务现场指导近20万人次。近年来，关慧明还开通了抖音直播号，线上帮助农牧民兄弟解决种植、养殖过程中的各种问题，成了他们心中可靠的"好兄弟"。

做菜农的科技贴心人

从 1997 年到 1999 年，关慧明和十几个科研人员分别在乌兰察布几个旗县研究芹菜、胡萝卜、洋葱、西兰花等蔬菜种植技术。经过两年多的探索，关慧明结合所学的蔬菜学知识得出一个颠覆性的结论：气候冷凉、多风少雨的乌兰察布适合种植喜凉蔬菜。2008 年，关慧明提出"开发冷凉资源，发展冷凉蔬菜"理念。新理念提出后，冷凉蔬菜发展战略先后被确定为科技部、内蒙古自治区、乌兰察布市"十二五""十三五"重大产业调整战略。2012 年，在关慧明的牵头下，乌兰察布市组建了全国首个冷凉蔬菜院士工作站。随后，院士工作站组建了育种团队，引进示范甘蓝新品种"中甘 21"，培育出"中甘 628"，打破了种植甘蓝需要进口种子的局面，并且使甘蓝品种国产化率达到 80% 以上。2012 年以来，冷凉蔬菜院士工作站共引进筛选新品种 848 个，选育新品种 8 个，乌兰察布市冷凉蔬菜的种植面积从 13.32 万平方千米发展到 466.62 万平方千米，从事冷凉蔬菜种植人口达到 30 多万，每年为当地农民增收 4000 多万元，为当地增加经济效益 20 多亿元。关慧明说，下一步，工作站将持续开展胡萝卜、西蓝花的良种培育，争取 3—5 年实现国产化。"我这一辈子都在农田里，我的技术来自与农民们的一起努力，我要坚持下去！"

关慧明在冷凉蔬菜院士工作站试验田查看蔬菜长势

为了推进乌兰察布市冷凉蔬菜业发展，关慧明还需要解决蔬菜的病虫害治理问题。从 1997 年开始，关慧明开始探索生物制剂的研发。经过 20 多年田间的探索和 3 万多次实验，关慧明终于在 2017 年成功研发了无毒无害、食品级生态杀虫剂——GC16 系列生态制剂。2020 年，关慧明的团队继续攻克"根结线虫害"国际性难题，研发成功 GC20-1 生态制剂，可为农民节省约九成的虫害防治成本。

做农业技术的好导师

一个人的力量终归是有限的，如何薪火相传，培养更多的农业科学技术人才，帮助农牧民学到技术、团结致富，成为关慧明思考的新问题。关慧明说："我已经 62 岁了，目前已培养博士、硕士及本科农技人才 30 多人。我希望在有生之年，能培养更多的人才，为国家农业发展贡献力量！"

来自兴安盟科右中旗的于秀珍，是深受关慧明影响的农技人才之一。2015 年，关慧明计划在内蒙古各地选聘一批科技特派员，以更好地帮助农民科学种田。前来应聘的于秀珍在关慧明的推荐下，成了一名科技特派员，这成为她人生的重要转折点。在关慧明的指导下，于秀珍在蔬菜种植技术、蔬菜销售、品牌打造、企业管理等方面有了很大的提升，从蔬菜"空白选手"变成了经验丰富的农业行家、企业老手。如今的于秀珍，从负债 50 万元的穷光蛋变成一家集蔬菜种植、包装、储存、配送销售为一体的农业公司老板，不仅创造了 30 多万元的年营业额，还带动当地 80 余户菜农每户年收益 10 多万元。谈到自己以后的人生规划，于秀珍表示，她要像关慧明老师一样，把自己学到的技术教给更多人，带着大家一起富。

2023 年 4 月，关慧明获得内蒙古自治区"北疆楷模"荣誉称号。在荣誉面前，关慧明表示，他会继续把浑身技艺毫无保留地教给年轻人，用科技之光照亮农牧民的致富路、团结路。

达斡尔族

达斡尔族主要聚居在内蒙古自治区、黑龙江省和新疆维吾尔自治区等地。达斡尔族有本民族的语言,达斡尔语属于阿尔泰语系蒙古语族。达斡尔族能歌善舞,民间音乐有山歌、舞蹈歌等多种形式。达斡尔族常用的民间乐器为"木库连"。"阿涅节"是达斡尔族最盛大的传统节日,相当于汉族的春节。达斡尔族的曲棍球运动最为著名,莫力达瓦达斡尔族自治旗享有"曲棍球之乡"的美誉。

乌日娜
歌声与现实中的"吉祥三宝"

2006年,乌日娜一家在央视春晚舞台唱响的《吉祥三宝》很快就成了家喻户晓的歌曲,"太阳星星月亮就是吉祥的一家"的悠扬之音传遍整个中国。这个吉祥三宝之家,便是由蒙古族的父亲布仁巴雅尔、鄂温克族的母亲乌日娜和同样是鄂温克族的侄女英格玛组成的。

乌日娜

爱与包容成就一段佳缘

乌日娜来自内蒙古呼伦贝尔,能歌善舞的她考入了呼伦贝尔艺术学校,而她的高中同学布仁巴雅尔也进入了该校,他俩成了同班同学。那时两个年轻人情窦初开,很快就陷入爱河。

不久后,乌日娜考入了中央民族大学,独自来到北京求学,而布仁巴雅尔则到鄂温克族自治旗乌兰牧骑担任独唱演员、马头琴演奏员,这对恋人由此分隔两地。乌日娜毕业后因成绩优异留校任教。布仁巴雅尔感到自己与恋人差距越拉越大,不自信的他想让乌日娜选择一个更优秀的对象,但乌日娜拒绝了。她为了让布仁巴雅尔定下心来，决定向他提出结婚。很快，两人领取了结婚证，然而两地分隔的状况依旧没能改变，交通的不便使得布仁巴雅尔很少来京看望妻子，乌日娜也只能在暑假时回到内蒙古。

经过不断的努力，布仁巴雅尔凭借自己的才华来到北京，在国际广播电台担任蒙古语播音员，夫妻俩终于结束了分居生活。不久后，两人的女儿诺尔曼降生，乌日娜因工作与学业上的繁忙没有时间照顾女儿和家庭，布仁巴雅尔默默地将家庭重担挑起来。

《吉祥三宝》传遍大街小巷

脍炙人口的《吉祥三宝》的诞生也有一段有趣的故事。在布仁巴雅尔的照顾下，女儿诺尔曼活泼可爱，好奇心很强。他在厨房做饭时，女儿经常在走廊里跑来跑去，一会儿探头问："爸爸，月亮是什么？"一会儿又探头问："太阳是什么？我们是什么？"女儿用蒙古语叫布仁巴雅尔"阿瓦"（爸爸的意思），清脆的童音富有音乐感。这让布仁巴雅尔深受启发，一气呵成创作了歌曲《吉祥三宝》。在诺尔曼3岁生日时，他将这首歌作为生日礼物送给女儿，乌日娜与丈夫和女儿在生日聚会上一道演唱了《吉祥三宝》，现场的人都被优美的歌声打动了。此后，乌日娜一家三口只要被邀请去做客，就会唱起《吉祥三宝》。

乌日娜一家

不久后，布仁巴雅尔推出了个人音乐专辑《天边》，而《吉祥三宝》就是专辑里的主打歌。布仁巴雅尔将歌曲挂到网上，被央视著名导演郎昆发现了，当时郎昆将出任 2006 年央视春晚的总导演，便决定让这首歌登上央视春晚的舞台。

这时女儿诺尔曼已经 14 岁了，个子长高了，童声也变了，不再适合唱《吉祥三宝》中的童声部。于是乌日娜与丈夫在春晚剧组的支持下，远赴内蒙古寻找童声部的演唱者。最终是由乌日娜的侄女英格玛担任了童声部分的演唱。

2006 年央视春晚，乌日娜夫妇带着英格玛演唱《吉祥三宝》，舞台上有草原、蓝天、白云，乌日娜夫妇带着英格玛坐在马车上，马车缓缓驶过舞台。英格玛与乌

乌日娜夫妇与英格玛

日娜夫妇纯净、真挚、优美的歌声，通过春晚舞台，一夜之间传遍了大江南北。就这样，乌日娜夫妇与英格玛随着《吉祥三宝》的走红而为全国人民所熟知。

用歌声带去爱与力量

乌日娜一家出名以后，没有忘记家乡的同胞们，他们为家乡的文化事业做了很多贡献。乌日娜作为中央民族大学的老师，培养了很多学生。其中，蒙古族阿木古楞、莫尔根、哈琳、乌兰图雅、诺恩吉娅组合、科尔沁姐妹组合，鄂温克族其其格玛、修一、藏族泽郎金、苗族刘恋，侗族王馨，维吾尔族祖邦丹等都已成为单位的业务骨干，在全国和各省、市声乐比赛中屡获大奖，将民族歌曲不断传唱。

夫妇俩还在家乡召集了 37 个孩子，组建了五彩呼伦贝尔合唱团，为家乡培养音乐人才。其中有一个男孩乌达木，在 11 岁时成了孤儿，因此变得沉默

自卑。乌日娜心疼这个可怜的孩子，与丈夫商量后，将乌达木收作自己的养子。真心的付出让乌达木慢慢恢复过来，也让他十分感恩这对新的父母。乌日娜夫妇与女儿诺尔曼、侄女英格玛、养子乌达木组成了一个美满的家庭，他们将深厚的情感都融入了歌声中。

然而布仁巴雅尔的突然离世，让这个家庭很长时间都陷入了悲伤中，乌日娜如同坠入深渊。三个儿女一直守在乌日娜身边，陪伴照顾她，而乌日娜的学生也纷纷过来看望她，给予她温暖，最终使乌日娜走出了悲痛。

如今，乌日娜重新担起为促进家乡民族文化发展的事业，用歌声颂扬团结，用教育培养人才。而她的学生们以及三个儿女，也跟随乌日娜的脚步，用自己的才华创造出更多的"吉祥三宝"，让人民、让世界感受中华各民族的灿烂文化与深厚感情。

2019年9月，乌日娜随中央民族大学"锦绣中华——中国民族艺术"演出团访问法国，并演唱了鄂温克族民歌《南达汗》。乌日娜解释道，"南达汗"在鄂温克语中是"最美好"的意思，这首歌曲是想赞美我们的家乡，赞美美好的生活，赞美伟大的祖国。她自豪地表示："中华民族是伟大的民族，我们来到巴黎塞纳河畔，既是在展示我们丰富多彩的民族文化，也是在展示我们幸福美好的生活。"对于祖国70岁的生日，乌日娜表示："作为一名老师，作为一名少数民族的文化使者，我要把自己所有美好吉祥的祝福送给祖国母亲。祖国万岁！"

鄂温克族

鄂温克族主要分布在中国东北黑龙江省和内蒙古自治区。鄂温克族有自己的语言，属阿尔泰语系满－通古斯语族通古斯语支。鄂温克是鄂温克族的民族自称，其意思是"住在大山林中的人们"。红穗帽是鄂温克族男女老幼都喜欢戴的一种帽子，是鄂温克族最有特色的服饰之一。驯鹿和桦皮船是鄂温克族的常用交通工具。鄂温克人的传统住房在不同的区域具有很大的差异，农区的鄂温克人住草房或砖房，牧区的鄂温克人住蒙古包，猎区的鄂温克人住"撮罗子"。敖包会是鄂温克族的盛大节日，起源于鄂温克人对"敖包"的祭祀活动。鄂温克族是一个能歌善舞的民族，有很多民族特色浓郁的传统舞蹈。"努日给勒"舞、"爱达哈喜楞"舞便是其中的代表。

共筑同心圆
中华民族的家国故事

居马泰·俄白克
行走天堑的老药箱,牧民健康的守护者

在新疆伊犁特克斯县的群山深处,有一处叫博孜阿德尔的高山牧业冬季草场,这里又名"包扎墩",在哈萨克语中意为"一般人去不了的地方"。包扎墩牧场距离特克斯县城90多千米,在2200多平方千米的牧区内散居着1500余户牧民。由于地处天山深处,包扎墩牧场的山路崎岖,每当寒冬腊月,牧场的通行条件尤其差,可谓是"天堑之地"。哈萨克族人居马泰·俄白克(下文简称居马泰)正是包扎墩牧场库克苏温泉卫生院的乡村医生。30多年来,他背着药箱骑着马,穿行于草原与雪山之间,用精湛医术在牧区救死扶伤,成了牧民生命健康的"守护神",他还被誉为"最美乡村医生"。

居马泰·俄白克

一人一马一药箱,行走天堑守健康

20世纪70年代,居马泰的父亲从伊宁卫生学校临床医学专业毕业,成了一名乡村医生。

回忆起父亲，居马泰说："父亲毕业后，光荣地加入了中国共产党，当时奶奶高兴得合不拢嘴。"1989 年，居马泰也来到伊宁，在卫生学校学习。父亲在乡村行医多年，知晓乡村十分缺医生和医疗资源，他便恳切嘱咐居马泰要在毕业后到医疗资源缺乏的地方，当一名乡村医生。1992 年，毕业后的居马泰被分配到了包扎墩牧区库克苏温泉卫生院。报到的那天，父亲骑着摩托车亲自载着居马泰去到包扎墩。

包扎墩共生活着 1500 多户 3000 余名牧民，是整个特克斯县最大的牧场。由于这里山沟纵横，牧民们以放牧为主要生计，居住很是分散，卫生院的医生们常常需要骑马巡诊，一趟下来需要 10 至 20 天。而在冬季，受天气的影响，医生至少要进山三趟才能将牧场内的所有牧点勉强走一遍。牧民们穿过陡峭的悬崖，在山野间放牧，恶劣的自然条件和艰辛的放牧生活给牧区的牧民们带来了身体上大大小小的问题，如寒冬腊月凿冰取水等行为使牧民成了关节炎等病症多发的人群。另外，游牧生活也无法给女性提供"坐月子"的条件，使得牧区的女性常落下病根，乃至疾病缠身。为第一时间给有需要的牧民提供救治，居马泰出诊不论严寒酷暑，也不受日夜影响，只要患病的牧民托人带了口信到卫生院，居马泰便一刻不敢耽误，打着手电筒骑上马去救治。

起初，居马泰花费了一年时间熟悉牧区环境，在自己绘制的地图上，他标注了每一户牧民家的位置。每次巡诊，他都要带领 7 名医护人员，携带 40 多千克药品和 10 余千克的宣传材料，翻越雪山，走遍牧场的每一户人家。2010 年，当时正值雨雪天，为救治一名发烧的儿童，居马泰

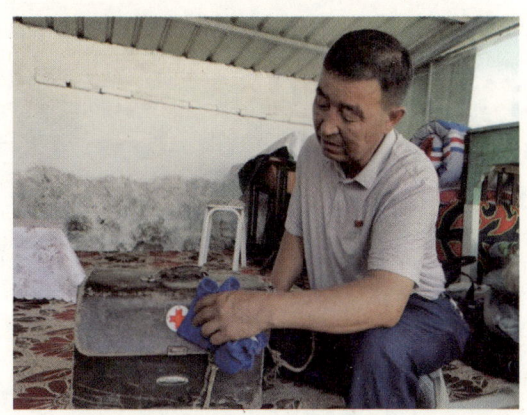

居马泰·俄白克擦拭药箱

匆忙赶路，不慎连人带马摔下山崖，居马泰在慌乱间抓住了一棵大树才得以保

住性命。由于当时缺少通信设备，居马泰拖着伤腿爬行了 10 余千米才获救。而这只是居马泰过往行医所经历的种种艰险中的一幕。

居马泰一直携带的药箱是从父亲手中接过来的，这既是父子之间的传承，也是居马泰决心扎根牧区的动力。他曾说："这个药箱子永远带，带了一辈子，还要一辈子带，为人民服务。"30 余载坚守在海拔 3000 米以上的牧区，让居马泰患上了严重的心脏病。上级多次提出给他调换岗位，但他不愿离开，他只觉得"牧民离不开我，我也离不开他们"。这种牵绊在每一趟巡山问诊、每一次深夜奔赴、每一回救死扶伤中愈发连接着居马泰和牧民，让他们成了没有血缘关系但互相离不开的家人。

人大代表担当职责，时刻关心卫生事业

作为自治区人大代表和特克斯县包扎墩牧区卫生院党支部书记，居马泰一直关心着社会卫生事业的积极发展和百姓健康水平的有效提高。包扎墩牧区卫生院附近有一处名叫库克苏的温泉。在县里的支持下，居马泰积极筹建温泉住院部，作为综合运用中医治疗方法的"试验地"。他说："我们积极探索和实践着中医在治疗群众疼痛方面的有益作用，温泉住院部将进一步提升中医治疗的效能。我想为牧区群众多做些事，培养一支留得下来的医疗队伍。"2023 年，在新疆维吾尔自治区十四届人大一次会议上，居马泰代表提出了 4 条建议，分别是解决乡村医生社保待遇、进一步充实基层医疗力量、加强对特克斯河的保护、进一步加大特克斯县包扎墩远冬牧场保护利用力度。每一条都紧紧围绕着他所生活和工作的牧区、卫生院以及牧民的生命健康。

一身荣誉，一生责任

2013 年，居马泰加入中国共产党，成为一名光荣的共产党员。2015 年，作为基层民族团结优秀代表的居马泰在北京受到习近平总书记的亲切接见。2021 年，在中国共产党成立 100 周年之际，居马泰被授予"全国优秀共产党员"

荣誉称号。自参加工作以来,居马泰获得了无数荣誉。他一身的荣誉称号所对应的是一生的责任担当,在过去30余年中,居马泰原本有多次工作调动的机会,但他却一直在卫生院守护牧民们的健康。他说:"县城优秀的医生很多,不缺我一个,这里的牧民更需要我。"居马泰的无私奉献换来的是牧区牧民的感动和夸赞,牧民杰克山拜·苏勒唐哈孜说:"包扎墩的牧民最幸福,因为我们有居马泰"。在牧民心中,居马泰已然成了最亲的人。面对有牧民因没有卖出牲畜而无法用现钱付医药费的情况,居马泰都会说"有钱就给,没钱我就垫着",优先给病患看病开药。数10年来,居马泰为贫困牧民们垫付和减免的诊疗费与医疗费已超过10万元,共救治了超过200名突发疾病的各族牧民。

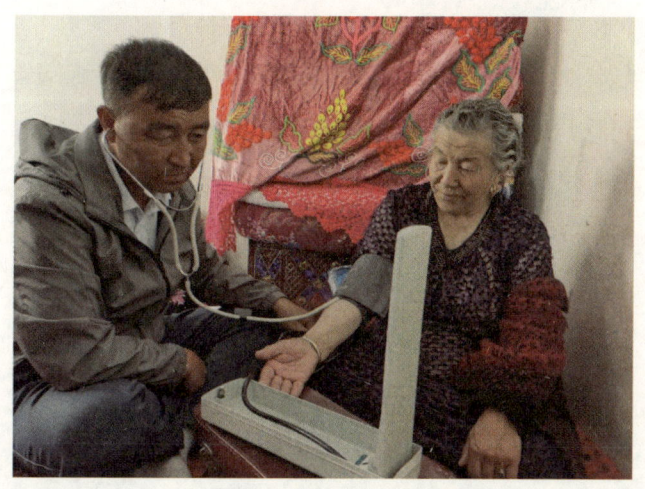

居马泰·俄白克给群众诊治

"我将继续扎根在牧区,给牧民提供力所能及的帮助,这是我一生的责任。"这是居马泰对生活和工作了30余载的包扎墩许下的饱含深情的誓言。对于居马泰来说,国家和自治区授予的各项荣誉是对他过往数10载在牧区一线工作的肯定,更是作为一名共产党员的使命与担当,这些荣誉将作为他一生不断追求的光辉信仰!

哈萨克族

哈萨克族在我国主要分布在新疆维吾尔自治区伊犁、乌鲁木齐、昌吉回族自治州等地及与新疆毗邻的甘肃省阿克塞哈萨克族自治县。哈萨克语属阿尔泰语系突厥语族。由于长期与汉族、维吾尔族、蒙古族等族人民频繁交往，彼此在语言上有着一定的影响。哈萨克族是游牧民族，其风俗习惯也与之息息相关。冬不拉是哈萨克族著名的乐器。

何玲
京族群众的致富带头人

"京族三岛"作为京族主要聚居地之一,原先均为孤岛,四面环水,三岛之间也没有陆路相通,岛上居民只有在退潮时才可徒步往来。生活在三岛上的京族祖祖辈辈均以打鱼为生,除了保证自身所食用的,其余均被京族百姓挑到附近的集镇上换取粮食。这种现象直到20世纪70年代围海造田、修建通路后才有所改变。改革开放以来,"京族三岛"进一步加快开放的步伐,尤其是随着国家战略的部署,中越边贸往来的恢复和东兴重点开放试验区的建设,京族百姓迎来了千载难逢的发展机遇。

何玲

京族村民的"及时雨"

提起村委会主任何玲,广西壮族自治区防城港市东兴市江平镇巫头村的百姓们没有不夸的,因为在村民们心中,何姐就是大家的"及时雨",有困难找何姐,缺资金找何姐,这仿佛已经成了村民们的共识。何玲心中始终认为:"村民选择我,就是对我的信任。这也让我更加坚定信心,要为大家多办实事、办好事,推动我们巫头村的快速发展。"

作为一名共产党员，为人民服务既是职责所在也是目标所指。"党员就必须为老百姓着想，及时为村民帮困解难，这是党员的立身之本。"何玲一直把这句话记在心上。2006年，她发动村里经济女强人成立帮扶小组，捐款捐物扶持困难妇女。一名村民的丈夫过世后留下一对年幼儿女，生活困难。何玲带着帮扶小组常年关心帮助她，使她一家逐步摆脱贫困。成立帮扶小组以来，何玲为困难村民捐款12万元，帮助困难村民解决难题150多件。作为全村的"当家人"，何玲多方筹集资金，完善基础设施，改善村民们的居住环境。如今的京族小渔村通了水泥路，有了篮球场，全村人心往一处想，劲往一处使，共同走上致富路。

民族团结的"守护者"，民族文化的"宣传者"

巫头村作为我国少数民族京族的聚居地之一，京族人口占了当地人口绝大多数。作为村委会主任的何玲，近些年一直致力于弘扬民族特色文化，巩固民族团结，推动全村物质经济和精神文明各项社会事业向前发展。

做民族团结的坚定守护者，是何玲这些年开展工作的一条重要指向，深入贯彻落实国家的"民族平等、民族团结、各民族共同繁荣发展"的民族政策基本原则和"民族团结一家亲"的理念，组织群众发展村经济，同时深入开展民族团结进步工作。何玲的努力起到了明显作用，巫头村的百姓在何玲的宣传教育下也坚定维护民族团结。村民们常说："何玲主任经常向我们传达民族团结的政策，让我们知道民族团结的意义，团结才会进步，我们群众之间团结友好，生活也更加幸福。"

除了守护民族团结，何玲还积极宣传民族文化。何玲认为，我国许多民族文化都有传播历史文化知识、开展道德教育的良好作用，而京族的哈节同样对促进村民之间团结、提高道德建设有很好的效果。但前些年这些并没有得到足够的重视，尤其在年轻人中。为此，何玲在村中积极呼吁年轻人学习传统文化，并建议在村文化建设中建设京族喃字文化墙、京族文化长廊等。同时她还以全国人大代表的身份,建议各级政府及有关部门重视少数民族文化传统的继承发扬,切实把京族文化与旅游结合起来,加大投入支持力度,积极塑造京族文化品牌。

在何玲的奔走呼吁下,巫头村的文化氛围越来越浓郁:每年的哈节越来越热闹,村里的中小学生每周都会上京族传统文化课。而哈节、京族独弦琴艺术均被列入国家级非物质文化遗产名录,巫头村则入选广西第一批传统村落。不遗余力保护和传承京族文化,是何玲努力的一个方向,即带领百姓达到文化"小康",树立起良好的文化观念,保护并传承好中华文化的重要组成部分。

何玲(中)和群众一起

引领京族群众走向小康的"领头羊"

巫头村过去是一个只有2000多人的小渔村,靠海吃海。以前的村民们只能靠捕捞与在盐碱地里种植水稻为生,年均收入不足千元。早在20世纪末,何玲就去到广东湛江进行考察,看到当地人靠养虾致富,而且发现村里的养虾条件和广东十分相似。回来后,她买回相关书籍自学养虾技术,去往南宁参加对虾养殖技术培训班,接着尝试将自家10亩责任田改成池塘养对虾,当年盈利10多万元，成了该村最先富起来的人。

  2005年何玲在当选村委会主任兼村妇女主任后，便决定从带邻居到带全村一起养对虾致富，在村里开办了养对虾培训班。当时群众缺资金、没技术，并且村民们认为"把水田用来养虾，养不成岂不是要喝西北风"，纷纷对养虾持怀疑态度。何玲没有气馁，挨家挨户宣传养虾的好处。最终，看到有村民在何玲的带动下真的致了富，其他人也纷纷跟着养虾。何玲根据群众需要，办起了技术培训班，并帮困难户申请贴息贷款，为村民提供各种便利。在她的帮助和带领下，对虾养殖业成了巫头村的支柱产业。

  然而，一些村民因技术或市场原因亏本，甚至返贫，何玲看在眼里急在心里。经过分析，发现海蜇加工也是很好的致富项目，于是，她又组织村民到广东学习海蜇加工，帮助他们开办海蜇加工厂。早在2016年，巫头村的人均收入便达到了13220元，成为防城港市首富村。

  20余载为人民服务，何玲以独到眼光带领当地百姓开创边海经济致富之路，以细腻的情感为广大妇女群众解决生活中的矛盾纠纷。她的工作热情、工作态度和工作成绩，得到了全村群众的一致认可，她被亲切地称为村里的"及时雨"，更是得到各级党委、政府以及妇联系统的高度赞扬。在何玲看来，她的工作职责和奋斗目标很简单，就是与村"两委"班子成员一起，和全村百姓一起，建设好富裕巫头村、美丽巫头村、文化巫头村，带领人们过上好日子！

京族

　　京族是中国少数民族中人数较少的一个民族，主要聚居于广西壮族自治区东兴市江平镇的沥尾、山心、巫头三个海岛上。京族有本民族的语言，但由于语言因素复杂，语言学家难以确定其语言属系。历史上，京族是一个主要从事沿海渔业捕捞的民族，20世纪90年代后，从事边境贸易、旅游业逐渐成为京族人的主要收入来源。京族人能歌善舞，其中独弦琴是京族独具特色的乐器，其结构简单，音色优雅，既可以伴奏，也独奏。此外，哈节是京族隆重的传统节日，届时所有人会着盛装云集哈亭举行迎神、祭神、入席、听哈、送神等活动，祈求人畜平安、五谷丰登。

马兰
将青春奉献给改善大山深处的教育

马兰

百年大计，教育为本。教育对于一个国家、一个民族、一个公民来说意味着未来，这已经成为全民的共识。虽然教育资源存在着差距，但总有人明知道阻且长却仍上下求索，用自己的努力与汗水弥补差距，只为了满足孩子们对知识的强烈渴望，只为了自己内心的责任感。东乡族自治县甘土沟学校校长、坚守大山20余年的马兰，就是这样的人。

艰苦环境下坚守教师岗位

东乡族自治县位于我国甘肃省中部，这里气候干旱，平均海拔达到了2600米以上，绝大部分处于山区，沟壑纵横，给人们的生产生活带来了极大困难。在这里开办学校，普及教育也成了一件难事。

时年20岁的马兰，刚从东乡民族中学毕业，她认为自己应该去做一些有意义的事。恰逢镇上招聘代课教师，马兰去应聘，成功地成了赵家乡的一名民办教师。刚参加工作的马兰，遇到的第一个问题就是教学技能问题。没受过专业培训的她，一开始无法把课讲好。可马兰并没有退缩，她主动搬起凳子去听别的老师的课，边听边学边总结，把其他老师所用的教学方法记下来，在自己的课堂中加以运用，并且琢磨出适合自己的方法。功夫不负有心人，马兰的课讲得越来越好，她所带班级的成绩也有所提高。马兰的这种敬业精神与学习精神获得了学校领导的认可。

马兰在赵家小学工作了数年后，东乡族自治县进入了普及初中的阶段，在全县无校的村庄设置教学点，马兰被调到了偏僻的甘土沟村教学点。那里的很多孩子早就到了入学年龄，但当地却没有学校和教师。简单了解情况后，马兰毅然决然地前往甘土沟村教学点。刚到甘土沟村的马兰遇到了前所未有的困难，这里除了教育局送来的书桌和椅子之外，学校、教室、教师都没有配备，孩子们连个上课的地方都没有，日常教学工作无法开展。正在马兰心生犹豫想要退却之时，村民们得知本村即将开办学校这个事之后，都表现出极高的热情，家长们带着孩子们都来了。看着家长们和孩子们期待的眼神，马兰坚定了在这里扎根办学的决心。

为学校、学生倾其所有

开学在即，缺少教师自己可以多出一点力，但没有教室基本是无法上课的。经过与家里人的多次沟通，马兰打算将自家门前的承包地捐出来作为学校用地。当时，马兰家有五口人，马兰自己的工资只有160元，土地是家里的重要经济来源，把本来就不多的田地捐出去意味着自家人要节衣缩食。一开始家里人都不理解马兰的想法，经过多次劝说，马兰说服了家里人。这一举动也感动了村里的家长和学生们。修建校舍，也主要是马兰和家人出力。她和丈夫先把土地碾平，得到了一个较为平整的场所，没盖好房屋之前，老师和学生们只能露天上课，没有黑板就在墙上钉了一块木板。到了冬天，孩子们的手和脸都冻得通红，书本被寒风吹散。即使是在这种艰苦的条件下，也没有一个学生抱怨，他们都坚持听讲。马兰看着孩子们这样努力认真，也非常感动，甚至在上课时都会落下眼泪。

经历了一年左右的露天课堂，马兰和家人们、村民们自己动手，利用课余时间，徒手盖好了四间教室，孩子们终于有了自己的教室和操场。随着学生人数增多，马兰老师的任务更繁重了，繁重到无法照顾自己几个月大的孩子。但她仍然以学校教学为重，请来了姐姐照顾自己的孩子，她则去照看学生。用马兰的话来说："邻村的孩子都送到这里来上学，这是对我的信任，我不能辜负了村民们对我的信任啊。"即使收入不高，马兰也会经常自掏腰包，给学生们买书、买文具，自学理发手艺给学生们理发，像妈妈一样照顾学校里的孩子们。

甘土沟小学稳定下来后，上级领导也知道马兰的辛苦，准备将马兰调到条件更好的学区。可村民们都舍不得马兰，知道马兰教得好，把学生视如己出。村民们不知如何表达自己的心意，也不知该怎样挽留马兰，就让孩子把自家种的粮食送到学校。马兰非常理解村民们淳朴的心意，她也舍不得离开，便一直留在了甘土沟。

教学生涯中取得的成果

马兰在20多年的教学生涯中，结合自己的勤劳苦干精神，锻炼出了一身本领。首先是双语教学技能，在甘土沟教学，必须同时掌握东乡语和汉语，对于低年级的学生，马兰先用汉语教孩子们念书、念题，如果孩子们听不懂，再用东乡语复述一遍，有时可能会重复几遍，孩子们才能全部理解；其次是领导与管理能力，马兰既当老师又当校长，结合本校老师们的特点进行分工，保证每位老师都能发挥长处，保证孩子们可以把课程学全。另外，在马兰的管理下，学生们也都非常守规矩。在马兰和老师们共同的努力下，条件艰苦的甘土沟小学走出了许多成绩优异的学生，甘土沟小学也获得了越来越多的帮助，学校的设施也变得越来越好。

马兰在给孩子们上课

马兰的事迹传出了东乡族自治县,传出了甘肃省,她也因此被评选为"东乡县骨干教师",获得了第八届甘肃省"十大杰出青年"、全国劳动模范等荣誉。

马兰常说:"我只是一个普通的老师,做着一些普通的事情。"是啊,把普通的事情坚持做、反复做,才能取得不平凡的成绩。马兰身上展现出的精神正契合马兰花的品质。马兰花是一种耐干旱、生存能力较强的植物,马兰花的寓意之一便是勤劳勇敢。人们也常用马兰花去赞美马兰,因为她用自己的努力,福泽大山里的孩子,正如盛开的马兰花,给人们带来沁人心脾的体验。

东乡族

东乡族主要聚居在甘肃省临夏回族自治州境内洮河以西、大夏河以东和黄河以南的山麓地带。东乡族聚居的地区处于青藏高原与黄土高原的过渡地带，属高原浅山丘陵区，平均海拔2000米。生活在这片土地上的东乡族，以农业生产为主。东乡族的语言属阿尔泰语系蒙古语族，其语言内部比较一致。东乡族的民间文化和艺术形式多样，内容丰富，独具特色。其中，尤以东乡族民歌"花儿"最有特点，几乎人人会唱，人人会编。此外，东乡族民间的板柜画和墙壁布兜画也很有特色。

张铁军
心系人民的好支部书记

西老谷峪村四面环山,满族人口占全村总人口的90%,是典型的满族聚居村,也是贫困村。一年到头,土里刨不出多少粮食。张铁军生在西老谷峪村一个普通的满族农民家庭,他儿时的梦想就是"吃得饱、穿得暖、走出山村"。张铁军退伍后回到开原市,自己

张铁军

创业做起了服装生意。短短几年,凭着在军营里锻炼出的吃苦耐劳精神,张铁军的生意做得红红火火,口袋也渐渐鼓了起来。正当张铁军想把自己的生意做大时,村里四组几名老社员的到来,让他改变了人生轨迹。

退伍军人临危受命

那天,几名老社员跟张铁军诉说了家乡的困境,含着泪拉着他的手说:"铁军,钱是挣不完的。你看看我们村里的情况,需要有本事的人来搞。你当过兵,有见识,生意又做得好,回村里干点事儿,帮帮大家吧!"几位老人真诚的话语打动了张铁军。"大家信任我,我绝不能让大家失望。我也想为乡亲们做点事,

不枉我当兵受党教育一场。"张铁军说。

张铁军逐渐将自己"走出山村"的梦想坚定为"改变山村"。他选择了回到西老谷峪村，担任四组组长。当时的山村管理状态并不理想，现有的发展状态受限，连拖欠多年的提留款、农业税都收不上来。

面对这样严峻的形势，张铁军首先大刀阔斧，秉公无私地让自己的亲属率先交款。对始终不愿配合工作的"钉子户"，张铁军不急不躁，软磨硬泡，耐心地挨家挨户说明政策意图。在这样真诚地日日走访、谈心中，张铁军的付出得到了回报，仅用了5天时间，就一分不差地收完了本组的提留款和农业税，高效的工作速度和真诚为人民服务的态度得到了群众的一致认可。

由于在四组工作业绩突出，1995年，西老谷峪村选举村委会主任时，张铁军高票当选。2003年，张铁军当选村党支部书记，成为西老谷峪村全面发展的"掌舵人"。

开展美丽乡村"道路"建设

走马上任后，张铁军决定给村里做的头一件事就是修路。张铁军认为道路不仅对于村容村貌有着重要的影响，更对村经济的发展起着助推作用。然而，严峻的现实摆在面前：钱从哪里来？张铁军也曾一度苦恼，但经过反复思索，终于探索出了"两步走"的修路计划。

首先，最核心的任务就是解决经济难题。为了更好地收缴欠款，张铁军连续几次召开村"两委"会议和村民代表大会，研究办法，制订计划，带领村"两委"班子成员一趟趟上门讲道理、摆事实，一家一家地做思想工作……功夫不负有心人，村里成功收回欠款3万多元。但这作为修路的启动资金还不够，张铁军又抓住城乡共建的契机，积极协调帮扶单位，天天往乡政府各个部门跑，踏破门槛，就为了争项目、要资金，他不厌其烦地讲村里的优势，谈村民的期盼，终于争取到了资金。

最关键的资金问题得以解决，张铁军心头最重的一块石头放下了，接下来就是落实"两步走"计划的第二项。考虑到村庄道路规划的合理性和便利性，部分村民已修建好的建筑影响到了道路修建。张铁军再次选择挨家挨户地上门走访，他不仅站在道路建设的高度晓之以理，更站在村民长远利益的角度动之以情，反复向村民阐述重新规划巷道的好处，终于让村民同意了腾出空间来修路。至此，"两步走"计划已落实了大部分。

在修路过程中，张铁军从不以干部自居，而是发挥党员干部的带头作用，事事亲力亲为。那段时间，张铁军每天早出晚归，和村民们一起清运垃圾、搬石块、抡大锤。有张铁军带头干，全村人也有了干劲儿，个个忙得满头大汗……历经半年多的奋战，西老谷峪村户户通上了砂石路，修建石砌边沟6500米长。

在张铁军的带领及全村人的共同支持和努力下，如今的西老谷峪村，处处充满安定、团结、和谐的浓厚氛围。百姓安居乐业，进进出出非常方便，特色山货、新鲜水果很快就可以运输出去，过去私搭乱建、垃圾随意处理的面貌焕然一新了。

村民致富领路人

经济发展是促进民族团结的基石，尽管村容村貌得以改善，但是村民的口袋还没有随之鼓起来，于是如何实现经济发展，让每家每户都能够享受时代发展的红利，让集体经济强起来，成了张铁军最挂心的事儿。

致富根本靠产业，选准产业是第一步。通过实地调研，张铁军提出了"大力发展林果经济"的发展思路。他组织召开村"两委"会议，决定由村党支部牵头成立谷峪果树专业合作社，引导全村果农入社，并且积极协调上级部门，申请资金、技术与政策扶持，实现了全村林果产业技术与服务共享。通过多年的努力，村里建成标准果园3500亩，现在西老谷峪村是远近闻名的采摘地。

经济的发展给村民带来了更优越的生活条件和环境，但是张铁军还是时常望着满山的果树发呆，张铁军说，通过对十九届五中全会精神的学习理解，他更懂得了精准脱贫、精准扶贫是造福人民、惠及百姓的伟大事业，也是每一名

张铁军观察作物生长情况

基层党员干部肩负的责任。所以他始终牵挂村里的21户贫困户。这21户贫困户大部分是满族,"全面实现小康,少数民族一个都不能少,一个都不能掉队"。张铁军琢磨着如何让他们脱贫,过上好日子。张铁军提出让这21户村民以自家山林入股,到年终卖果时可以分得林果利润的30%。不到两年时间,这21户村民全部实现脱贫。

多年奔波忙碌,风吹日晒,张铁军这个铁骨铮铮的硬汉已是两鬓斑白、满脸风霜,唯有那铁打的脊梁一点都未曾弯下,眼神依然坚定。每当有人问起他:"为西老谷峪村付出那么多,值吗?"张铁军总是斩钉截铁地说:"为了家乡,为了父老乡亲,不管付出多少都值得。只要人民需要我,我将一如既往地做民族团结的践行者,让全村人都过上幸福的好日子。"

满族

满族主要分布于辽宁、河北、黑龙江、吉林、内蒙古、北京等地。满族有自己的语言、文字。满语属阿尔泰语系满－通古斯语族满语支。满文创立于16世纪末，现在只有极少数人懂满语满文。满族曾信仰萨满教。"萨满"是通古斯语，意为"疯狂的人"，汉译为巫师。满族的萨满教兼有自然崇拜、图腾崇拜、祖先崇拜和偶像崇拜四重含义，故崇拜的神祇既多又杂。满族食品极富特色，历来有"满点汉菜"之说。在文学著作方面，《数理精蕴》《满文老档》等都是众所周知的著作。此外，康熙年间绘制的《皇舆全览图》是中国有史以来第一部最科学、最精确的全国地图。

晓红
心系珞巴族人民生活，守护珞巴族传统文化

珞巴族主要分布在西藏自治区南部的珞渝地区，集中在米林、墨脱、隆子等地，内部有很多部落，是中国人口较少的一个民族，仅有4000人左右。"珞巴"是藏族对他们的称呼，意为南方人，珞巴族有自己的语言，但没有自己的文字，基本使用藏文。1965年国庆节，经国务院批准，珞巴族人才正式成为中华大家庭中的一员。

晓红

我代表一个民族

晓红出生于西藏米林县南伊珞巴民族乡的一个普通农民家庭，她顺利从西藏农牧学院毕业后，被分配到林芝地区（现林芝市）米林县米林镇政府工作。在基层耕耘了几年之后，凭着勤勉的工作作风和出色的工作能力，晓红很快就成了米林县的副县长。她扎根民族地区，心系群众生活，上任以来，踏踏实实为老百姓干实事，为老百姓谋福利，获得了当地群众的称赞。

当时珞巴族总人口只有3000多人，其人口数量远

低于选举法规定的选举一名全国人大代表的选民人数。但我国为了保障少数民族人民的利益,保证这些人口少的民族也有自己的代表,《中华人民共和国选举法》明确规定,人口再少的民族,也要有一名代表。因此珞巴族和其他民族一样,也选出了自己的代表,代表本民族来到北京,走进人民大会堂,行使自己神圣的政治权力。2003年的第十届人民代表大会,晓红就是这名人大代表。

代表珞巴族出席人大会议的晓红获得了大量媒体记者的关注,面对记者们的镜头,晓红坚持穿上了珞巴族的传统民族服饰,全身戴上了金光闪闪的配饰。"我是代表整个民族来参加人大会议的。"晓红自豪地对记者们说。过去的珞巴族地理位置偏远险恶,受到封建统治的压迫,生产力极其低下,新中国成立之后,珞巴族才获得解放,之后又陆续进行了一系列民主改革,实现了珞巴族人民当家做主的心愿,并在国家和各兄弟民族的大力支持与援助下,迅速摆脱了经济、文化落后的状态。能够作为人大代表参加人大会议,晓红十分感动,从深山走出来,再将党、国家以及全国人民的关怀带回深山。

作为人大代表,晓红积极履行自己的职能和义务,提出了西藏米林县南伊珞巴民族乡关于水利、电力、住房、公路、通信等方面的基础设施建设问题。"保证水电,修公路,这是最为基础的。"晓红高兴地表示在会议上反映过的问题在之后都得到了有效解决。看到珞巴族人个个都住上了宽敞明亮的大房子,通水通电,还修了公路,人民的生活条件得到了极大的改善,晓红比谁都高兴。

"我是沾了珞巴族的光。每次到北京开会,我都会提醒自己,我代表的是一个民族,我是珞巴族唯一的代表。"每每想到自己人大代表的身份,晓红都心怀感激,只有做好自己的工作,为人民服务,为人民着想,时刻铭记珞巴族的发展,才是对国家和人民最好的答复。

保护好珞巴族的优秀传统民族文化

过去的珞巴族生活在山林深处,信仰原始宗教,过着落后的原始生活,存在较多部落。族人多骁勇,擅长弓箭,崇尚武力。正是在这样的环境,孕育出了珞巴族独特的文化。为了更好地生活,在国家的帮助下,珞巴族人从高山走到平坝地区,因此珞巴族传统文化面临着失传的困境。

晓红深入家乡进行考察调研,发现珞巴族传统文化主要依赖一些世代相传的文化传承者,而真正掌握这种民族文化的传承者寥寥无几,而且都年岁已高,村里大多数人已经对这些传统神话传说不太了解了。不仅这些民族故事,一些民族服装由于制作工序的失传以及材料难以寻得,正宗的珞巴族服饰已经非常少了。晓红意识到,虽然珞巴族也会举行一些传统歌舞表演和民族民俗文化节,但是保护力度还不够大,保护手段还不够有效。应该建立一个珞巴族文化中心或者民俗博物馆,一方面对相关历史文物进行整理和保护,另一方面培养出更多青年文化传承人,将文化传承与教育结合起来,在学校开展相关课程,还可以引导青年人从事传统文化的保护与传承的工作。

这一系列措施都得到了有效执行,如今的米林县,常常有民间传统文艺表演队,也会经常举行文化节,还创建了珞巴族民俗博物馆,集中展示珞巴族的历史、文化和民俗,切实促进了珞巴族传统文化的传承与发展。

以前是走出去,现在是请进来

自2003年晓红当选人大代表之后,她一心为家乡谋发展,为人民谋福利,每年都踏踏实实为家乡建设出谋划策。这些年以来,家乡的路由崎岖不平的险路变成了一道道宽阔便利的公路,哪怕是再偏僻的村落也都修上了柏油路。为了交通更加便利,江河之上还修建了吊桥,房子也都进行了改造修缮,提高了住户的生活质量,保证了住房的安全;过去断水断电的日子也

晓红接受采访

不再有，老百姓不仅实现了生活条件的跨越式提高，民生问题也得到了改善。

生活水平改善了，珞巴族人也意识到当地的生态环境才是最宝贵的资源，发展旅游业成了珞巴族人的新目标。当地天然的地理环境，世外桃源般的景色，不仅要大力保护，还应该科学利用生态环境来促进经济发展，而且道路条件的改善也为相关产业的发展提供了条件。在此基础上，晓红不断建言献策，投身乡村旅游建设规划事业。"以前是走出去，看看外面的世界。现在我们要将远方的客人请进来，饱览家乡的湖光山色！"

在政府的大力支持下，米林县一片繁荣景象，相关产业蓬勃发展，人民群众收入增加。看着珞巴族人都过上了幸福的日子，晓红高兴地表示："在党和政府的关怀下，珞巴族群众正在走科学发展的道路。"而她也将带着珞巴族人的信任与期望，充分行使人大代表的权力，继续带领家乡向前发展。

珞巴族

珞巴族主要分布在西藏自治区东起察隅、西至门隅之间的珞渝地区，主要从事农业，兼营牧业和狩猎。珞巴族有自己的语言，珞巴语为汉藏语系藏缅语族，但没有文字，通用藏文。珞巴族内部部落众多，他们多以部落或氏族聚居在一起，主要部落有义都、米古巴、米辛巴、达额木、希蒙、民荣、博嘎尔、博日等。珞巴族传统的生产方式和生活方式，是孕育和诞生珞巴族原始宗教信仰的现实土壤。由于各氏族部落生产环境有所差别及发展不是很平衡，价值取向也不尽相同，因而各部落间原始宗教信仰也具有复杂多样的特点，其原始宗教信仰主要有：天体崇拜、自然崇拜、山石崇拜、动植物崇拜等。

共筑同心圆
中华民族的家国故事

张智娟
白族村医的30年团结情

一个边远山区的小小村落，一名一袭白衣的白族村医，一份坚守数年的守护誓言。张智娟投身乡村医疗事业30年，扎根基层生活，心系村民健康，浇灌出了开在当地各族人民心中的民族团结之花。

张智娟

想成为一名医生

张智娟出生在云南省大理白族自治州漾濞县平坡镇高发村的一个多民族家庭，爷爷是彝族，奶奶是白族，姑姑则嫁到了一个傈僳族家庭。张智娟从小就受到了多个民族文化的洗礼与熏陶，不仅十分了解当地多个民族的文化习俗，还精通4种民族语言。

张智娟13岁那年，父亲因疾病去世，这场突如其来的变故使原本幸福美满的家庭生存变得艰难。面对遭遇不测之祸的张智娟一家，高发村的乡亲们雪中送炭，视他们一家如亲人一样，不仅帮助他们干农活，还经常给张智娟和她的弟弟妹妹送去衣物和食物。在乡亲们的帮助下，一家人的生活慢慢好了起来。

各民族兄弟姐妹亲如一家，在高发村这个温馨团结的大家庭中，日子虽然清贫，但张智娟依然在温暖与幸福中长大了。张智娟不曾忘记乡亲们的恩情："那些年我最大的感触就是要回报乡亲们！"父亲的突然离世使张智娟意识到村子里医疗水平低下和医务人员极度缺乏的问题。为了回报乡亲们，守护这些给予自己帮助的亲人们，她慢慢萌生了成为一名医生的想法。因此，张智娟在高中时选择了医护班，立志为成为医生而努力奋斗。

皇天不负有心人。19岁的张智娟顺利从漾濞县职业高级中学医护班毕业，之后的7年为了进一步提高医术增加医疗经验，张智娟一边代课一边行医，最后回到了那片让她深深眷恋的土地，成了一名救死扶伤的乡村医生。

健康所系，性命相托

一天凌晨，一个紧急电话将张智娟从睡梦中叫醒。一名彝族妇女难产，情况十分紧急，产妇生命垂危。产妇远在离家7千米的水井村民小组，张智娟二话不说，不顾自己八个多月的身孕，一心直奔现场。三更半夜，张智娟奔波了一个多小时，终于赶到产妇身边，顺利救下了这对母子。

后来有人问她："半夜三更的，你不怕吗？况且你还怀着身孕！"张智娟却认为这不过是一件平常的事，学医行医的人，不论何时何地都要对病人的生命负责，心里想着这些，就什么都不会怕。"我的孩子在肚子里给我壮胆呢！"她开玩笑地说道。

作为乡村医生的这30年，不论是白天还是夜晚，不论路途是否遥远，她总是随叫随到，走遍了高发村的每一个角落。张智娟掌握彝、汉、白、傈僳4种语言，这也为她与村民之间的交流提供了便利，村里不论男女老少，大家都认识她，都夸赞她是村里的好医生。

这30个年头，经张智娟之手接生的孩子多达百余人，村里的老人离世也都有她在身边，交由她处理遗体。凭着对高发村群众的一片感恩之情与全心全意为患者服务的医者仁心，她赢得了高发村村民们真切的喜爱与尊敬。

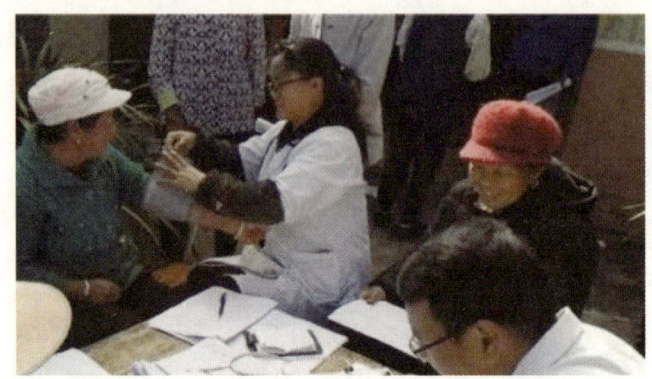

张智娟给群众量血压

"守护乡亲们的健康才是我的责任"

30年如一日,张智娟尽心尽力坚守在高发村卫生室,遇到了各种各样的病例,积累了大量的临床经验,为自己赢得了良好的口碑,但是张智娟依旧心存上进之志。"我有时间还是会去认真研究学习,希望有机会精进医术,提高水平,救更多的人。"

张智娟意识到,各少数民族地区由于自身独特的文化和地域孕育出了自己特有的医学药物和医疗手段。传统医学博大精深,对提高医疗水平有着极大的帮助。于是2012年,张智娟前往中医院进修,学习了针灸与方剂。在学习过程中,她切身感受到了中医文化,领略到了中医的魅力与功效。回到村里后,她创建了全县首个位于农村的中医理疗室,开始为村民们提供针灸和按摩等服务。

张智娟中医理疗室的名声传到了大理市区的一家推拿机构,他们给出高薪希望聘请张智娟做技师,她却婉言拒绝:"我情愿一辈子留在乡亲们的身边。"张智娟表示其实过去有很多走出深山的机会,但是乡亲们都在这里,她的家也在这里。守护了乡亲们这么多年,这些感情实在难以放下。正是村里各族兄弟姐妹之间深厚的感情,支撑了她三十载。她不畏辛劳,甘于奉献,只为看到乡亲们健健康康的。"我走了,乡亲们会舍不得我,我也会舍不得他们,守护乡亲们的健康才是我的责任！"

扎根基层，为民服务

多年来，张智娟身兼数职。1994年，刚刚工作的她就被评选为高发村妇女主任，面对村民们的信任与期待，张智娟勤勤恳恳，投身于高发村妇女工作。她活泼开朗的性格，踏实勤奋的工作态度、突出的工作能力、丰富的语言储备，使得她深受村民们的喜爱。村里不论大大小小各类事情，妇女们都愿意向她倾诉，找她寻求帮助。

张智娟还是高发村党支部下的第一支部书记，作为一名党员，她心怀各族群众，充分发挥自身的先锋带头作用，带领整个支部全体党员深入群众生活，解决群众生活中的困难，积极宣传和落实党的民族理论与民族政策。多年的付出换来了群众和组织的信任与赞赏，张智娟多次被授予"优秀妇女干部"的称号。2018年11月，张智娟被大理州委、州政府表彰为"民族团结进步创建活动先进个人"。

张智娟不仅是一名救死扶伤的医生，还是一名乡村的守望者、民族团结的践行者。她把青春岁月和半生心血奉献给了边远山区的各族人民，用无私与坚守守护着村民们的健康生活，谱写了一曲民族团结的歌谣。

白族

　　白族主要分布在云南、贵州等省,其中云南省的白族人口最多。白族历史悠久,同时也是一个聚居程度较高的民族,有民家、勒墨、那马三大支系,并且受汉文化影响较深。白族有本民族语言,白语属汉藏语系藏缅语族,汉文自古以来一直为白族群众所通用。白族在艺术方面独树一帜,其建筑、雕刻、绘画艺术名扬古今中外。白族经济以农业为主,手工业、商业较为发达,在发展过程中与周边的各民族相互往来,创建出了灿烂的经济文化。

继往开来
迈步中国复兴路

● 自新时代以降

"各族人民亲如一家,是中华民族伟大复兴必定要实现的根本保证。实现中华民族伟大复兴的中国梦,就要以铸牢中华民族共同体意识为主线,把民族团结进步事业作为基础性事业抓紧抓好。我们要全面贯彻党的民族理论和民族政策,坚持共同团结奋斗、共同繁荣发展,促进各民族像石榴籽一样紧紧拥抱在一起,推动中华民族走向包容性更强、凝聚力更大的命运共同体。"

——习近平《在全国民族团结进步表彰大会上的讲话》

(2019年)

共筑同心圆
中华民族的家国故事

吴天一
用生命求索高原之路，用一生坚守医学事业

作为中国低氧生理和高原医学事业的开拓者，吴天一一生投身于高原医学事业，提出了高原病防治救治的国际标准，推动实现了我国高原医学事业零的突破，创造了青藏铁路建设无人员伤亡的世界奇迹，拯救了无数同胞的生命，被称为"生命的保护神"。

吴天一

从高原来到高原去

1937年，吴天一出生于新疆伊犁，塔吉克族，取名为依斯玛义·赛里木江，后跟随父母到南京生活，并改名为吴天一。1951年，吴天一考进中国医科大学，毕业之后，他跟随中国人民志愿军赴朝进行医疗救护。1958年，响应国家支边的号召，吴天一奔赴青海，投身于祖国的大西北建设。

青海海拔高，山地寒漠分布广，空气稀薄，典型的高原气候让许多初至高原的人出现强烈的高原反应，但由于对高原病不甚了解，很多疾病被误诊，致使许多人倒下，甚至付出了生命的代价。看到身边的同伴一个个

倒下，23岁的吴天一深受触动。他意识到，要实现大西北的开发与建设，必须攻克高原病，只有有效应对高原病的发作，才能保证建设者的生命安全，保障建设事业的顺利进行。高原医学事业是西北建设之路至关重要的一步。自此以后，吴天一的一生都与高原紧紧联系在了一起。

高原雪山上的科研事业

要想找出高原病的规律与应对方案，必须深入高原。1979年，为了准确把握高原病的各种症状以及分布状况，吴天一组织了一次大规模的高原病普查和调研，进行了大量的临床观察，获得了丰富的数据。这一调研持续了十多年，吴天一的足迹遍及青海、甘肃、西藏、四川等地，他走遍了高原的每一个角落，再偏远的地方也没有落下。

要进行高原病大普查，就要将高原作为实验室，把高原上的牧民作为调研对象。一方面，高原恶劣的气候条件使得研究环境十分艰苦；另一方面，受地理因素限制，高原上人们居住分散，还会跟随季节变化迁徙，给调研带来了巨大的困难。面对重重困难与考验，本着把握科研资料、获取数据信息是科研人员的基本职责，吴天一以高原医学研究者的使命担当，没有放弃高原实验室这一对于科研而言极为宝贵的资源和财富。

在高原中调研，除了要经受环境的考验外，了解各民族同胞的语言和文化也是不小的挑战。为了实现与他们的深入交流，吴天一在已经精通不少语言的基础上又掌握了藏语。熟练的藏语，与藏族群众无障碍的交流，为调研工作得到藏族群众支持创造了条件。由于语言文化的差异，藏族群众对调查团带过去的医疗仪器以及相关的医疗检测存在抵触心理，但吴天一以尊重他们的语言和习俗的调研方式，打破了这种抵触心理。吴天一每次到访，藏族群众都会热情地接待。

吴天一给群众诊疗

吴天一在进行高原病大调查的同时，还提供了免费诊疗。过去高原地区经济相对落后，医疗水平不发达，大量疾病无法得到有效治疗。吴天一所带领的医疗调查团，诊疗过数万名高原居民，凡是经过的地方，吴天一都尽心尽力地看病、治病，人们也都称呼他为"马背上的好曼巴"。

青藏铁路上的"世界奇迹"

青藏高原海拔高、气温低、缺氧、风沙呼啸、紫外线强等恶劣条件无一不挑战着人体的生存极限。为了保障铁路建设者的生命安全，国家高度重视，设置了专门的医疗卫生保障机构。吴天一临危受命，担任了青藏铁路高原生理专家组的组长，负责高原病的防治工作。在如此恶劣的地理环境、如此艰难的铁路工程建设环境考验下，青藏铁路从开工到通路，无人员伤亡，堪称世界高原铁路工程上的奇迹。这一奇迹与吴天一所带领团队的医学贡献密不可分。

吴天一带领医疗团队在之前高原病调研的基础上，制订出了预防与救助高原病的方案，配置了完善的医疗设备，建立了相应的科学保障措施。他们坚守在铁路建设的沿线，守护在铁路建设者的身边，研发相关的适应高原以及治疗高原病的药剂，运用科学的救治手段，极大降低了高原病的发病率。他还细心地准备了科普宣传册，将相关的诊断方式和高原病医学科普知识写入小册子，提高铁路建设者自我防治的意识和能力。

地震中的生命守护者

2010年4月14日,青海玉树藏族自治州发生了最高震级为7.1级的6次地震,已经73岁的吴天一不顾自身安危,义无反顾地带领医疗团队前往地震灾区。高海拔地区发生地震,作为医生,作为高原医学的研究者,作为高原生命的守护者,吴天一把救助灾民视为自身的使命,认为自己必须前往。

吴天一日夜坚守在抗震救灾的第一线,亲自参与地震伤员的救治,挽救了大量伤员的生命,同时指导高原病的防治与救助工作,保障了医疗人员和受灾、救灾人员的生命安全。他还深入受灾群众中,与他们交流,普及一些医疗知识,安慰他们,关注他们的心理健康情况,给予他们深切的关怀。

在救灾医疗工作完成之后,吴天一还组织召开了相关会议,总结了这次高海拔地区地震医疗救援和高原病抢救上的成功经验,向世界展示了中国高原医学的力量。

吴天一是攀登高原雪山的勇者,是悬壶济世救死扶伤的医者,更是坚守信仰的生命守望者。投身高原医学事业几十余载,吴天一为国开创高原医学事业,为民医者仁心济世救人,为科研不畏艰难无悔奉献,同时也获得了殊勋茂绩。吴天一系统研究了高原上发生的各类高原病,创建了高原病诊断救助的国家标准,并实现了在国际上的统一应用,为中国乃至世界的高原医学事业写下了浓墨重彩的一笔。他还救助了成千上万名藏族群众,为高原建设做出了不可磨灭的贡献。

塔吉克族

塔吉克族主要分布在新疆塔什库尔干塔吉克自治县及莎车县、泽普县、叶城县和皮山县等地。塔吉克族有自己的语言，属于印欧语系印度-伊朗语族，无文字，部分人通维吾尔语文。塔吉克族的服饰以帽子最具特色，男子一般戴黑绒圆高帽；女子戴圆顶绣花棉帽，帽子的后半部垂有后帘。塔吉克族舞蹈形式多样，其中以鹰舞最为著名。塔吉克族特有的乐器有纳艺（用鹰翅骨做的短笛）、达卜（击奏膜鸣乐器）、热瓦普（拨奏弦鸣乐器）。塔吉克族信仰伊斯兰教，以古尔邦节、诺鲁孜节和圣纪节为主要节日，除此以外，还有迄脱乞迪尔节、巴罗提节等。

马邦河
保安人民的好委员

作为全国政协委员的马邦河经常会在村子里走街串巷,询问村民们生活状况和存在的困难,他要将这些都记在自己的本子上,来完善自己的两会提案。尽管平日里,马邦河对家乡的诸多事宜都有所了解,也一直关注各民族同胞的生活状况,但他仍习惯从"乡土间"听到乡亲们最真切的心愿。对马邦河而言,自己的提案能够得到积极的回应就是最大的鼓励,看着家乡一年变一个模样,他心中的喜悦难以言表。

马邦河(左二)在调研

任之重，首先在于实现乡亲们的脱贫致富

2008年，保安族的马邦河当选为第十一届全国政协委员，并连任第十二届、十三届委员。多年来，马邦河努力推动家乡发展，带领同胞们一齐脱贫致富，最终也见证了保安族和周边民族一起迈向了小康生活。

十几年来，马邦河共向全国两会提交了200余件建议及提案，围绕群众的饮水安全、县城综合治理、脱贫攻坚、高速公路建设、乡村振兴等诸多方面提出了翔实方案。这些建议及提案最终也落地实施了，既提升了家乡的基础设施水平，也增强了脱贫摘帽的质量和后劲。

马邦河的家乡在积石山保安族东乡族撒拉族自治县，共有保安族、东乡族、撒拉族、汉族、土族等近10个民族生活在这里，并且县里的保安族人口共有2.12万人（第六次人口普查数据），占了全国保安族总人口数的95%，是全国较大的保安族聚

马邦河

居地。积石山县长期以来一直是深度贫困地区，当地的各民族同胞们曾面临生活生产上的困难。但随着全国脱贫攻坚工作的不断推进，积石山县在2020年2月，经省政府批准退出贫困县序列。

马邦河看着自己的家乡走向美好的未来，同时自己的民族保安族也与全国其他55个民族的兄弟姐妹一道摆脱了贫困步入小康，而这正如习近平总书记不断强调的："全面建成小康社会，一个少数民族也不能少。"回忆起过去多年在民族地区所进行的脱贫攻坚工作，马邦河深有感触："只有更加尽心尽力地履职尽责，才能不辜负人民群众的重托。"

完成了脱贫攻坚的重任，马邦河的内心充实而满足，但他仍不敢轻易松懈，前路漫漫，职责在肩。

行之要,关键是回应老百姓的深刻关切

马邦河明白,作为全国政协委员,他不仅需要在全国两会时反映群众的愿望,更需要在日常生活中联系群众,帮助老百姓解决眼前的困难事,带领家乡人民奔向好日子。特别是在积石山县这样的多民族聚居的自治地区,既要看到经济上的困难,也要维护好各民族间的良好关系,只有这样,才能为长期的发展铺平道路。

十多年来,马邦河一直帮助家乡的贫困户改造危房,解决他们最基本的居住问题。这些年来,马邦河帮助当地老百姓修建房屋、改善基础设施的事情不胜枚举,另外,他还会拿出自己经商所获的积蓄,来帮助急需用钱的乡亲。

同时,马邦河也关注贫困户的治病问题。在医疗改革未完善时,农村看病是个难事。村子里的一些贫困户得了急病,马邦河不仅资助医药费,还会驱车送患者到城里的大医院进行治疗。对于村里的残疾人与孤寡老人,马邦河也会尽心照顾与供养。他还扶持困难学子求学,并为贫困户寻找致富门路。无论谁家的孩子上学有困难,他都会全力照顾,并且还会鼓励那些适龄儿童去学校上学。

马邦河一直坚持为家乡做实事,他认为,只有多去了解、多去帮助,才能懂得老百姓真正需要什么。

爱之切,根本是服务人民的初心不改

马邦河作为政协委员,在党和国家的培养下,对于政策的理解以及家乡的发展都有着更深刻的思考和更长远的目光,同时,多年的工作经历也让他体会到民族地区脱贫攻坚的艰辛与不易。因此,马邦河在为老百姓服务时,不仅会关注当下困难的解决,还会更多地考虑未来长久的效益。

这些年来,马邦河十分注重提高家乡各民族成员的文化素质,除帮助学子们求学外,他还带乡亲们走出去,到全国各地开眼界。而外出归来的人们则纷纷向自己家乡的父老乡亲讲述见闻,既让人深感中国的伟大复兴,也激发起人

们的奋斗激情。村里人决心努力建设好家乡，为中华民族伟大复兴贡献本民族的一份力量。

马邦河也格外关注家乡的民族事务。一方面他作为政协委员积极推广家乡保安族文化，促进各民族之间的经济文化交流；另一方面也积极组织家乡中不同民族的同胞开展各类活动进行交往交流，增进相互之间的感情。同时在宗教事务上，马邦河既关注具体事宜，还注重广泛宣传党的民族宗教政策，这让当地的老百姓切身了解到，中国共产党对于各民族信仰的尊重以及对维护各民族和谐团结关系的坚定。马邦河为家乡良好的民族宗教关系，做出了诸多努力，而最终的结果也没有辜负他的一片赤诚。

马邦河的行为来自他内心深处的善意，一颗为人民服务的真心。他的种种善举收获了老百姓的广泛赞誉，也得到了党和国家的肯定。正如马邦河自己所说的："政协委员就是人民的政协委员。"唯有为人民办实事，满足了人民的心愿，才算是坚守使命，不忘作为一名政协委员的初心。

保安族

保安族主要聚居在甘肃省临夏回族自治州，其余散居在兰州市以及青海、新疆等地。保安族自称"保安人"，过去的统治者不承认它为单一民族，一直称其为"保安回"，在民族识别后才正式被命名为"保安族"。保安族有本族语言而无文字，语言属阿尔泰语系蒙古语族，信仰伊斯兰教，其风俗习惯也与伊斯兰教密切相关。保安族人民主要以发展农业和商业为主，也从事手工业生产，其冶铁手工业在民族中有着相当高的地位，"保安腰刀"凭借其精湛技艺与优良质地闻名全国。

高德荣
新时代贡山闪亮的坐标

高德荣是贡山独龙族怒族自治县独龙江乡人,退休前曾任云南省怒江州人大常委会副主任、贡山县县长、独龙江乡乡长等职,大家习惯称他为"老县长"。作为一名少数民族党员干部,在近40年的工作历程中,他不停转换"角色",两次请缨回到独龙江乡,为了独龙族的脱贫事业,为了祖国边陲的安定团结,鞠躬尽瘁。

高德荣

他是村民们眼中的"大家长",管孩子上学,管老人穿衣;他是邻里街坊的"老大爹",嘘寒问暖,为群众解决难题;他是脱贫致富的"大专家",培育草果,建大棚,指导乡亲促生产;他是倚山成诗的"性情中人",写歌作曲歌颂党,春风化雨暖人心。如今,这名年近七旬的老人,初心不改,每天仍然拿着那张褶皱的地图,用一片赤子之心,走遍独龙江乡的山山水水。

改善交通:带领群众修通独龙江公路

由于独龙江乡地处峡谷地带,自然条件极其恶劣,到20世纪90年代中期,这里仍没有一寸公路,独龙族群众过着"过江靠溜索，出口走天路"的生活。尤其是从12月到次年5月，大雪封山，与世隔绝，这里仿佛成了被遗忘的"孤岛"。作为土生土长的独龙族人，高德荣对自己早年每天跋涉3个小时上学的情景难以忘怀。翻越高黎贡山，修通独龙江公路成了他解决民之所需的头等大事。

为了公路的尽早开通，时任贡山县县长的高德荣上省城，进北京，使出浑身解数筹措修路资金。在工程实施中，他亲力亲为，颠坏了三辆越野车，经历过雪崩、泥石流断路的险境。多次与死神擦肩而过的高德荣并没有心生怯意，退缩不前，而是越挫越勇、不屈不挠。

1999年，全长96.2千米的独龙江公路全线贯通，独龙族人背马驮的历史宣告结束。但是，由于特殊的地理环境，公路没过几年就出现了不同程度的损坏。"地图县长"高德荣开始思考如何快速修缮独龙江公路，为家乡发展清除交通障碍。2003年，作为全国人大代表的高德荣在两会上为"修缮独龙江公路"建言献策。在党和政府的大力支持下，2004年独龙江公路得以修缮，进城行程由以往10小时缩减至4小时，乡亲们终于实现了在一天之内往返县城的心愿。

2014年，高黎贡山独龙江隧道贯通，千年来"秘境"中的独龙族人终于告别了"大雪封山，与世隔绝"的历史。"你不干，路就在天上；你干了，路就在脚下"，这句简短的话，便是高德荣对于这段过往的总结。

选准草果：致力发展绿色农业

"绿水青山就是金山银山。"独龙江乡依山傍水，层林叠翠。如何把生态优势转变为产业优势，带动独龙族群众脱贫致富奔小康，成了高德荣关心的主要问题。2007年，高德荣从州政府再次回到了独龙江乡工作。经过反复调查、摸索，"老县长"意识到草果、重楼等经济作物能很好地适应当地环境，其种植无须开荒，既可保护生态又能带来收益，长久来看是个"绿色银行"。

为了降低乡亲们的种植风险，他特意在野生森林里找了一片实验田，用自己的积蓄建立了草果示范基地。当时年过五旬的他背着三四十公斤重的草果苗溜索滑江去基地，一到草果地就从腰间抽出砍刀，麻利地砍断枯败枝叶平铺在地上，那干劲简直就是个小伙子。

有一次，草果种植遇到了虫灾，他跑到省农科院向专家求助。经过高德荣的亲身实践论证，草果、重楼等作物在当地被推广种植，并取得了良好的成效。他还带领群众养殖独龙牛，招引独龙蜂，走出了一条"不砍树、不烧山"也能脱贫致富的路子。

2018年底，独龙族宣告整族脱贫，告别了延续千年的贫困。习近平总书记给独龙族群众回信，祝贺他们实现整族脱贫，勉励乡亲们为过上更加幸福美好的生活继续团结奋斗。面对自己一生都在耕耘的这片土地，高德荣说道："作为党员，又不分退不退，我只是做些应该做的事。"

办学育人：老县长为持续发展蓄能

整族脱贫只是第一步，要过上幸福的生活，必须坚持不懈地奋斗。高德荣心里明白，脱贫摘帽不是终点，而是新起点，要想把"输血"变成"造血"，娃娃这一代要读好书，到知识里去找小康。一个民族的发展离不开教育，提高教育水平、培养独龙族人才，是这名"退而不休"的老人思考和牵挂的工作。

高德荣任县长时，他从全县为数不多的财政收入中，拿出二三十万建了所小学。退休之后，"老县长"向上跑部门要资金，平日找家长谈心，动员他们把孩子送进学校。2010年前后，几个孩子因为天气太冷偷偷从学校跑了出去。得知消息后，高德荣第一时间跑到派出所让武警官兵们出动寻找孩子。他叮嘱大家："一定要找到孩子，千万不要打骂他们。"

经过长期努力，如今独龙族的孩子们享受了从学前班到高中的14年免费教育，文明的曙光洒在每一个独龙族儿童的脸上。教育和知识的力量加持，为独龙族彻底告别刀耕火种的原始生活，"一步跨千年"夯实了基础。

望着这群充满希望的"民族之星"，老高会时不时哼起自己作词的小曲：

高德荣

"美丽的独龙江哟,我可爱的家乡,处处鲜花开放,沐浴着温暖的阳光;美丽的独龙江哟,我可爱的家乡,插上了高飞的翅膀,靠的是伟大的共产党。"

英雄,是一个民族最闪亮的坐标。在中华人民共和国成立70周年之际,党和国家授予高德荣同志"人民楷模"国家荣誉称号。获奖后,回到独龙江乡的老县长,又开始跑工地、进农家,起早贪黑,奔忙在峡谷的山水间。

高天大写独龙人,恋守南疆为治贫。虎啸山崖生碧翠,鹰翔江畔起氤氲。瓜田果岭秋风劲,蜜海花丛夏露醇。筑路修桥通日月,康庄谁不长精神!

独龙族

独龙族是云南省人口最少的民族，他们居住的独龙江峡谷，南北长约150千米，东岸是海拔5000多米的高黎贡山，西岸是海拔4000多米的担当力卡山。历史上独龙族曾被称作"俅人"或"曲人"，新中国成立后，根据他们历来的自称"独龙"，被正式定名为独龙族。独龙语属汉藏语系藏缅语族，历史上没有文字，主要以刻木、结绳的方式记事和传递信息。独龙族唯一的传统节日就是过年，独龙语叫"卡雀哇"。独龙族喜歌舞，特别善于通过"唱"和"跳"的方式来表达自身的思想感情，倾诉内心的喜怒哀乐。

共筑同心圆
中华民族的家国故事

卓嘎、央宗姐妹
扎根雪域边陲的姐妹花

卓嘎一家的守边故事,从他们是牧民时就开始了。

走进西藏自治区山南市隆子县玉麦乡,眺望着方圆3644平方千米的山川大地。远处的雪山、静淌的河流都铭记着这里发生的每一个故事、每一次变迁。

卓嘎、央宗姐妹俩

三人乡

20世纪60年代的一个夏天,来了一群荷枪实弹的外国士兵,把他们国家的国旗插在了玉麦海拔5000多米的山头上。卓嘎的父亲桑杰曲巴被惹怒了,花了整整两天时间,爬上雪山拔下了该国国旗。他还跑去外国士兵的设卡点抗议:"我的爷爷曾在这里放牧,我的阿爸也在这里放牧,我们现在还在这里放牧,这是我们祖祖辈辈生活的土地!"此后,在中国的土地上升起五星红旗,成了桑杰曲巴不变的信念。

"玉麦"在藏语里意为境域下游的圣地，也意味着这里地势偏僻、险要。党和政府曾为了改善玉麦乡群众的生活，在日拉雪山另一侧的曲松村给玉麦人盖起新房，分了粮食和牲畜。桑杰曲巴一家原本也搬了出去，但不久又搬回了玉麦。

20世纪90年代，卓嘎（右一）、央宗（左一）与父亲桑杰曲巴

桑杰曲巴告诉家人："这是国家的土地，我们得在这儿守着。"从1963年至1996年，34年间，桑杰曲巴家是这片土地上仅有的一户人家。

每年11月，玉麦的雨渐渐变成雪，越积越厚，直到来年5月。在近半年的时间里，玉麦几乎与世隔绝。卓嘎回忆，有一年冬天，母亲病重，由于翻越雪山时间太长，母亲不幸去世了；另一年冬天，又是在一次翻越雪山时，15岁的小妹迷路，在雪地中冻死。

亲人的去世曾让卓嘎、央宗姐妹央求父亲离开，但桑杰曲巴总是不应允。他说："如果我们也搬走了，祖国的这片土地上就再没有人守护了！"从此，玉麦只剩下他们一家三口。山外人把他们一家称为"三人乡"。

卓嘎记得有一天，父亲桑杰曲巴开会回来，带回了红、黄两种颜色的布料。以为父亲要缝新衣裳的姐妹俩兴奋不已，天黑了也不肯上床，围坐在阿爸身边。伴着忽明忽暗的油灯，阿爸把红布裁得方方正正，又从黄布上剪出五角星，一针一线缝在红布上。第二天一早，红旗在屋顶升起。父亲让姐妹俩记住："这是国旗！有国旗的地方，就是我们的神圣领土！"像这样的国旗，桑杰曲巴一共缝了4面。

父女三人在与世隔绝的玉麦，走到离边境最近的地方，插上国旗；赶着牦牛踏着雪，走到离玉麦最近的村镇，购买粮食。正是有了他们日复一日的坚守，祖国的这片土地上始终飘扬着五星红旗。

爱国守边精神世代传

在卓嘎身上,总能看到她父亲桑杰曲巴的影子。桑杰曲巴是玉麦的第一代守边人。他带领着家人,在3644平方千米的土地上,用脚步丈量着边防线,配合解放军管控边塞要点。

1988年,当了29年乡长的桑杰曲巴年纪大了,卓嘎接了他的班,成为玉麦乡乡长,和妹妹央宗一起继续放牧守边。放牧条件艰苦,风餐露宿,然而卓嘎乐此不疲:"放牧就是巡边,隔段时间不去走走,心里不踏实!"就这样日复一日、年复一年,他们不曾想过离开。桑杰曲巴一家在守边坚持中,终于迎来了玉麦发展的春天。

2001年9月,老父亲最大的心愿实现了——通往山外的公路修好了。当第一辆汽车开进玉麦的时候,老父亲给"铁牦牛"献上了哈达。这一年,卓嘎和央宗搀扶着桑杰曲巴,坐上"铁牦牛"去了魂牵梦绕的拉萨。返回玉麦时,父女三人什么纪念品都没买,只带回了100面五星红旗。也是在这一年的冬天,桑杰曲巴怀着对玉麦的热切希望离开了人世。

公路修通后,玉麦的变化一天快过一天,开始跟上山外的脚步。党的十八大以来,这个曾经半年封山、道路异常崎岖的"边境孤岛"发生了日新月异的变化。

2017年,在党的十九大召开之际,卓嘎和央宗给习近平总书记写了一封信,汇报家乡的发展变化,表达为国守边的决心。2017年10月28日,是卓嘎、央宗姐妹最幸福的时刻——习近平总书记给她们回信了!总书记在回信中说:"希望你们继续传承爱国守边的精神,带动更多牧民群众像格桑花一样扎根在雪域边陲,做神圣国土的守护者、幸福家园的建设者。"

习近平总书记的回信和褒奖,给卓嘎、央宗等所有玉麦人

卓嘎给女儿巴桑卓嘎讲述她为国守边的故事

增添了守边固边的信心和动力,申请前来落户守边的居民越来越多,到2020年,曾经的"三人乡"已变成67户200多人、下辖两个行政村的小康乡。

如今,翻过海拔5000多米的恰拉山和日拉山,在雪线之下的牧场和原始森林包围的山谷深处,能看到一个小小的村落——西藏自治区山南市隆子县玉麦乡的玉麦村。一排排灰顶黄墙的楼房与周围苍翠的青山、潺潺的流水构成了一幅美丽的画面。不远处的山坡上,红色的汉藏双语标语"家是玉麦 国是中国"在阳光下熠熠生辉。

像格桑花一样扎根在雪域边陲

卓嘎、央宗姐妹守护着这片神圣的国土,谱写了爱国守边的时代赞歌。姐妹俩先后获评"最美奋斗者"、2018年"时代楷模"以及第七届"全国敬业奉献道德模范"。姐姐卓嘎还获得2019年度"全国三八红旗手标兵"荣誉称号,并被授予"七一勋章"。

现在,卓嘎已经60多岁了。这两年,因患上慢性病,她瘦了十多斤,步履也有些蹒跚,可她的笑容依旧灿烂。"我还能走,我还年轻,我党龄才25年,共产党人永远是年轻!"

令姐妹俩骄傲的是自己的儿女也成为新的守边人。卓嘎的女儿巴桑卓嘎、央宗的儿子索朗顿珠大学毕业后,陆续回到玉麦。索朗顿珠说:"作为有知识的年轻人,更应义不容辞地投身家乡建设,继承前辈的精神,做新一代神圣国土的守护者。"

如今,在重要的日子举行庄严的升国旗仪式成了玉麦人雷打不动的新习俗。卓嘎、央宗一家人把爱国守边的情怀倾注在高高升起的国旗上。这是一面永远飘扬的旗帜,它引领着一代代西藏儿女牢记总书记的嘱托,和全国人民一道踏上全面建成社会主义现代化强国的新征程。

藏族

藏族主要分布在我国西藏自治区和青海、甘肃、四川、云南等地。藏族是汉语的称谓，藏族自称为"博"或"博日"。藏语属汉藏语系藏缅语族藏语支，而藏文创制于公元7世纪前期，通行于整个藏族地区。在政教合一、封建农奴制度统治下的藏族社会，藏族各阶层人民的社会生活和风俗习惯，具有本民族的历史传统和文化特征。在西藏和平解放后，这些风俗大多得到了尊重与保护，同时也逐渐适应社会主义制度的发展。藏族文化繁荣，不仅有各种藏文文献、经文典籍，还有许多藏戏、藏歌、踢踏舞以及各类传说、节日等。

李仁英
赡养汉族老人 30 年，推动民族团结一家亲

在青海省海东市互助县东山乡大庄村中，村民们常常能看到一名胡须花白、身着蓝色中山装的耄耋老人。他时而一个人静静坐在洒满阳光的巷口，时而和儿子一家进进出出，时而带着家里的孩子在村子里玩耍。在他人眼中，这是普通而又幸福的一家人，但事实上，在这个和睦美满的家庭背后，有一个民族团结一家亲的感人故事。

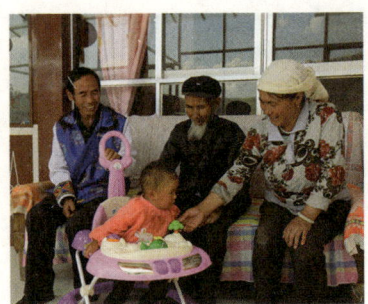

李仁英夫妻跟李长旺闲坐聊天

善良小伙初识孤寡老人

故事还要从 30 年前说起。家住海东市互助县东山乡大庄村的土族小伙儿李仁英，开朗大方又善良热情，是村里村外有名的热心青年。不管是义务劳动，还是维修村中道路，只要是力所能及的事，李仁英都会尽一份力。村里人对他最多的评价就是勤于助人。年轻的李仁英经常到隔壁的寺尔村看望一名亲戚，一来二去，就结识了住在那里的汉族老汉李长旺。

李长旺是个命运坎坷的可怜人，他从小双耳失聪又无依无靠，早年间从互助县塘川镇双树村入赘到东山乡寺尔村，和妻子、岳父母生活在一起。李长旺

年轻时的日子就过得尤为艰难，不料随着年岁渐长，命运又一次给李长旺带来了重创，他的家人们在短时期内先后去世，本该安度晚年的他不得不过起了自力更生的日子。虽然在土族地区生活了几十年，但身患残疾的李长旺连简单的土语都听不懂，更难以与当地人正常交流。孤身一人的他住在破败的房子里，连穿衣、吃饭都成了问题。邻居们十分同情这个老人，却也无能为力，"他在东山乡的寺尔村做了几年的上门女婿，后来媳妇一家人先后去世，就剩他和两间老旧的土房子。因为耳朵听不见，委屈受多了"。

力排众议坚持义务赡养

在缘分的指引下，热心的小伙子李仁英对李长旺充满了同情，每逢到寺尔村，都特意为李长旺带去食物和基本的生活用品，还帮助他料理家务和农活。后来，李仁英更是每周都固定抽出时间，到寺尔村和李长旺做伴。在一段时间的陪伴和相处中，李长旺和李仁英逐渐培养出了深厚的感情，成了超越血缘和民族的亲人。由于李长旺年龄越来越大，将面临更多的艰难和不易，1985年，仅仅23岁的李仁英表示："李长旺老人虽然不是我亲生父亲，但是我愿意像侍奉亲生父亲一样孝顺他。"就这样，他做出了一个改变两个家庭命运的决定——把老人接到自己家里来赡养。

家里人纷纷反对，第一个感到不解的是李仁英的妻子。年轻的姑娘没有和李长旺老人接触过，一时间难以接受这名"从天而降"的家庭成员，更无法理解丈夫的良苦用心。20世纪80年代初，家家都不富裕，李仁英家的生活也十分拮据，除了要赡养家中的父母，还要抚养子女，一家老小仅依靠十多亩土地生活，没有额外的收入。为了解决生计问题，负担老人的开销，让妻子安心接受老人，李仁英下定决心要更加拼命地工作，想办法增加家庭收入。每次谈起接老人回家这个决定时，质朴善良的李仁英都说："我不图什么，也从来没后悔过，让老人过好点，就是我最大的愿望。"

民族团结彰显人间大爱

风雨同舟,守望相助,是这个土族与汉族结合的大家庭的真实写照。李长旺老人在来到李仁英家后,摆在一家人面前的首要难题便是语言沟通的障碍。对此,李仁英要求家人们都用手势和老人交流,并且要时刻尊重老人,不得在照顾老人时有怨言。"我们家里平常都说土族话,老人听不懂,跟他交流只能说汉话或者打手势比画,他学不会的,现在习惯了。"李仁英笑着说。

李仁英和老汉李长旺

多年来,李仁英为了让一家人过上更好的生活,吃过不少苦,也经历过种种困难。他不仅卖过猪肉,经营过小生意,还做过泥瓦匠、编织工。在填饱肚子都相当困难的岁月里,水果是稀有物。每年十月杏子成熟后,李仁英为了让老人吃到当季的杏子,总是背着家人偷偷把杏子藏起来。有一次,顽皮的孩子偷偷把李仁英留给老人的杏子吃了,李仁英很生气,严厉地训斥了孩子。就这样,李仁英家中一直遵循着有好吃的让老人先吃,有好东西让老人先享受的原则。"既然把老人接来了,就要当他是自己的亲人,不能让他受委屈,孩子们要叫他爷爷。"李仁英说。

李仁英的家庭虽然清贫,却不失温暖;李长旺老人虽然命运多舛,却也收获了难能可贵的亲情。在李仁英的带动和感染下,妻子逐渐接受了这位"父亲",将李长旺视作了自己的亲人。妻子的付出,李仁英看在眼里,感动在心上。每逢降温下雨，老人总是腿疼，李仁英的妻子特意上山拣草药，帮老人热敷和按摩。冬天老人怕冷，她便坚持每天给老人烧炕。"妻子为了照顾老人，没有多少时间去转亲戚、回娘家，几十年任劳任怨。"李仁英颇为动容地说。

转眼间，30年过去了，李仁英夫妇也年逾六十，他们这一家为照顾这名毫无血缘关系，却又超越了血缘关系的老人，付出了许多努力。土族和汉族共同建立了温暖而又幸福的大家庭。由于年岁的增长和自身的残疾，老人一直很孤僻，有时还会做出家人不能理解的行为。李仁英总是默默忍受着老人的孤僻，也害怕言语会伤害到老人。李仁英一家和李长旺老人生活在同一屋檐下，不是亲人却超越了亲人，真正成了"你中有我、我中有你、你离不开我、我离不开你、谁也离不开谁"的命运共同体。他们用实际行动证明了：民族团结的人民最幸福，民族团结的果实最甜蜜，民族团结的声音最有力。

"老吾老以及人之老"，李仁英孝敬汉族老人的故事感动了无数人。他将孤独老人视为至亲，用自己的坚韧、细腻于平凡之处塑造了伟大，用善良、爱心温暖了老人寒冬般的人生。

土族

土族是我国人口较少的民族之一,主要聚居在青海互助土族自治县、民和县等地。土族有自己的民族语言,属阿尔泰语系蒙古语族。土族历史上没有文字。1979年,研究人员在调查研究的基础上,根据土族的意愿,创制了以拉丁字母为基础的土族文字。土族基本全民信仰藏传佛教。土族儿女能歌善舞,大大小小的节日都是他们快乐的时刻,正如他们自己说的,不会唱歌不是土族,不跳"安昭"只能算半个土族。在土族的文化娱乐生活中,最能体现土族特色的当数"轮子秋"。此外,"纳顿节"是土族人民喜庆丰收的社交游乐节日,从每年农历七月十二开始,到农历九月十五结束,历时两个多月。

共筑同心圆
中华民族的家国故事

邓前堆
怒江上的"索道医生",怒族人民的守护神

怒江像一头张开血盆大口的巨兽,将拉马底村一分为二。拉马底村位于云南省福贡县石月亮乡,村子里有1000多名村民,分散在怒江两岸5座大山里。东岸交通相对便利,两岸虽鸡犬相闻,但西岸村民要过江,须绕行几个小时山路,溜索是最便捷的出行方式。平日里,村民生了小病往往不会去医院,而是乡村医生入户治疗。邓前堆就是这里的一名乡村医生,因为几十年来依靠一副溜梆渡江行医,又被人们称为"索道医生"。

邓前堆

救死扶伤,威武不能屈

邓前堆出生在交通相对便利的怒江东岸,不会过溜索。怒江令人生畏,溜索过江的危险故事不绝于耳。邓前堆成为一名乡村医生后,却不得不学习溜索。有一次,因不熟练,速度太快,差点发生事故。

"索道有100多米,距江面约有30米高,以前的滑板是木头做的,拴不紧掉下去就死定了。后来滑板改成铁制的,比较牢固,可是摩擦力比较小,不容易刹住。"邓前堆说,"一次因为速度太快刹不住,我一下子撞到了对岸的

柱子上，差点就撞死了，伤得走路都走不了。药箱里的玻璃瓶装注射剂也碎了不少，所幸剩了1支，刚好给人治病。我一年总有七八次在半夜去对岸出急诊，天黑得看不见五指，打着手电筒溜索是最危险的。"

邓前堆溜索过江

2010年冬天里一个平常的深夜，邓前堆接到求医电话，对岸开扒俄老伯家的房屋着火了，老伯被烧伤。他背上药箱，火急火燎往现场赶。冬日的深夜，滔滔江水，江面和对岸什么也看不清，这样的条件实在不适合过江。但邓前堆一心赶去救人，心一横，一手持着电筒，一手握着索道就过去了，还撞上了水泥柱，真是想想都后怕。他顾不了那么多，借着手电筒微弱的光，摸索着上了山，给老伯采取了急救措施，为老人家清创上药、输液，经过3小时的救治，保住了老伯的双臂。考虑到老伯来往换药不方便，此后的一个多星期，邓前堆就送药上门，直到老伯痊愈。之后邓前堆还每月定期为老伯复查，持续了一整年。

像这样的深夜急诊，邓前堆遇到了无数次。每一次都要借着手电筒的光，滑过125米长，距江面30米高的索道。他行医30多年，有28年都在这条索道上滑行，救死扶伤，累计出诊5000余次，步行约60万公里，诊治患者13余万人次，未出现一起医疗事故、一次医疗纠纷。

守护乡亲,贫贱不能移

乡村医生的收入不高,2010年以前,每年补贴只有154元,后来才慢慢涨到2000多元。即使在这样的收入条件下,邓前堆也不收出诊费,尽可能为患者节省医疗开支。得益于在省医院接受过草药和针灸培训,还在一名老医生那里学过2年草药知识,邓前堆发现随处可见的草药疗效确切,能大大节省村民的治疗费用。于是他养成了一个习惯,每当空闲,他就去山林里采药,或通过书本学习一些中草药知识。2019年,邻村一名妇女被毒蛇咬伤,因公路塌方,外出就医不便,来找邓前堆医治。邓前堆让患者住在自己家里,自己则上山采药,靠着中草药治愈了患者的毒蛇咬伤,分文未取。这些年,他已治愈了30多名毒蛇咬伤患者。

遇到家庭困难的患者,邓前堆救人为先,时常帮着垫付医疗费。他的手上存了很多村民的欠条,也从来不催账。"乡亲们只要手里宽裕,是不会欠我的。所以我从不开口去向他们讨债。倘若他们不主动来还,也就算了。"他说,"他们实在贫苦、可怜。"当问及这些年乡亲们欠了他多少医药费时,他回答:"从前欠的那些,就算了。我只是从执行新型农村合作医疗以来才开始记账,做了一个账本。"2010年乡亲们欠他的医药费累计25000元,但好在不久后此欠款便在石月亮乡民政办医疗救助款中得到了解决。

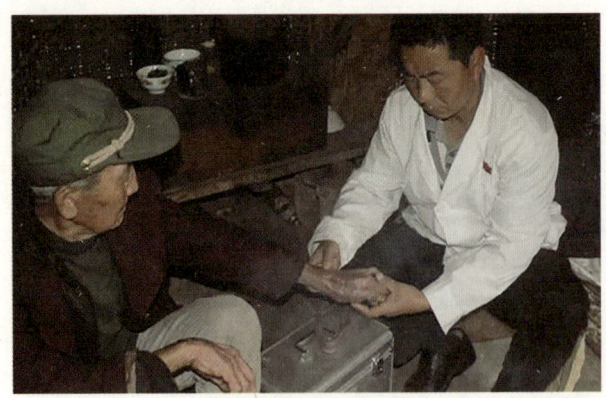

邓前堆给村民看病

这些年，这里的乡村医生换了四茬。有老乡劝邓前堆一道出去打工，赚得多，但是他还是选择了留下治病救人。他说："我觉得为村民减轻病痛远比自己赚钱重要，村子里的人平平安安就是我的心愿。"

就是在这样艰苦的环境下，邓前堆行医 30 多年，全年无休，天地间随处是他的"诊疗室"，田间地头、集市、荒野大山、崖下、家中……不论严寒酷暑、白昼黑夜还是雨雪风霜，他随叫随到，像一只吉祥的鹿奔跑在愤怒的怒江两岸，守护着村民们的健康。

多家媒体报道了邓前堆的先进事迹，在国家和云南省的帮助下，完成了他"希望村子里修一条能通车的桥"的心愿。他还有一个心愿："还想能多学点医学知识，特别是骨科，比如关节复位之类，因为这里山多坡陡，村民容易摔伤。还有他们采药割草时容易受刀伤，我也想学着治好伤病。"他还说："乡亲们对我好，国家对我好，这辈子除了当医生，我什么也不想当了。"

怒族

怒族是世居于我国怒江和澜沧江两岸的古老民族之一，其主要分布在云南省福贡、贡山、泸水及兰坪等市县。怒族使用怒语，属汉藏语系藏缅语族，大都使用汉文。怒族制作传统服饰主要以麻为原料，人们通常使用腰织机织出麻布匹，再以麻布缝制成贴身衣物。怒族主要节日有仙女节、怒族年、祭谷神节等，其中，仙女节已逐渐成为当地多民族共同欢庆的节日。怒族的民间文学包括神话、传说、故事、诗歌、童话、寓言等，其中以诗歌和故事较为突出，通过对狩猎活动的描写来叙述怒族历史发展的长篇叙事诗《猎神歌》，便是其中的典范之作。

孟平红
倾心投入农业科研，让老百姓吃上"放心菜"

孟平红

孟平红出生于贵州平塘。"地无三分平，天无三日晴，人无三分银"，这是俗语中对贵州自然环境的形容，也是过去贵州农民贫困生活的生动写照。20世纪80年代以前，贵州很多地区的老百姓吃蔬菜都靠外省供应，这些都被孟平红看在眼里。当这个布依族姑娘从西南大学蔬菜专业毕业后，便进入到贵州省农科院工作。在别人眼中她似乎终于有机会离开贫穷的大山了，但一开始工作，她就确立了一个奋斗目标——让贵州的老百姓都能吃上"放心菜"，让贵州的农民因科学种菜脱贫增收。

经过几十年的学习和工作，她从一个普普通通的布依族女子，成长为从事蔬菜学研究方面的知名专家，她像一只从大山里飞出来的金凤凰，但又回望家乡，不舍离去。日复一日、年复一年，30个年头的风雨兼程，她用脚步丈量着故土大地。这方水土养育了她，她也要用自己的知识和技术回馈家乡，用智慧和对事业的执着，书写着对家乡深沉的爱。

不顾身体，一心工作

在2014年时，孟平红在贵阳至重庆的高速路上发生了车祸，由于汽车猛烈撞击后的惯性，坐在副驾驶的她被狠狠往前推送，头部重重地撞在了挡风玻璃上，孟平红当场昏迷，被送到附近医院急救。但第二天输完液后，她却不顾医生和同行人员的劝阻，坚持要到工作基地去，她说，那儿有重要的工作等待她完成。后来有人问她："您当时心里就没有一点担忧或者现在回想起来就没有一丝后怕吗？万一留下什么后遗症呢？"但她却说："不后怕是假的，但当时真的顾不上那么多了。当时，我负责带队去繁种基地进行亲本去杂，如果去杂不及时，将会影响种子纯度，给生产造成损失。农时不等人，我必须抓紧时间，亲自把关，确保杂交种子的质量。因此，根本来不及考虑自己的身体。"

孟平红作为一名农业科技工作者，她致力于把自己的科研论文写在田间地头。因为农业科研工作的需要，她长年累月都在田间地头开展工作，试验、观察、分析、研究、示范、推广等步骤缺一不可，并且坚持亲力亲为，白天黑夜皆是如此，一身泥，一身土，常常没有节假日。被问到一个女孩子为什么会选择这么辛苦的农业科研工作的时候，她回答道："中国是农业大国，贵州是农业省份，农村要改变落后面貌，需要先进的科学技术。国家要富强，农村首先要脱贫。国家培养了我那么多年，造福农民、报效祖国是我应尽的职责。"

乡村振兴，助民富裕

贵州是全国脱贫攻坚主战场之一，是全国唯一没有平原支撑的省份，耕地面积少，土地分散，农业单产低、效益差，农民科技素质相对低，农业机械化、规模化、产业化难度较大。在贵州省著名蔬菜专家李桂莲研究员的指导下，孟平红带领团队率先在贵州提出并开展蔬菜"321"高效种植研究及示范，以贵州不同生态区的19个县作为试点，结合市场需求和全国蔬菜上市淡旺季规律，根据当地气候特点，总结出适宜不同生态区的一年多季蔬菜高效种植技术模式100余套，改革了传统种植制度，调整种植结构，增加复种指数，提高土地利用率，提升单位面积产量和效益，大幅增加农民收入，实现了项目区蔬菜产业的转型升级。

此外，孟平红团队引进国内外15个种类231个蔬菜品种在贵州不同区域进行引种试验，鉴选出61个优良品种，实现品种多样化，提高了产品市场竞争力，特别是鉴选出耐抽薹的大白菜、甘蓝、萝卜、胡萝卜等优新品种，克服了早春先期抽薹的技术难关，为不同生态区不同高效种植模式提供了优良的蔬菜种类和品种。

孟平红带领团队进行科研

带领贵州百姓走上富裕之路后，孟平红凭借自己的高瞻远瞩，认为乡村振兴的进一步发展离不开科技和人才的支撑。她当选全国人大代表后，每年都要花大量时间在实地调研上。她多次提出相关的建议，孟平红建议在政策、人才、平台、项目、资金、学科建设等方面对西部欠发达地区予以重点支持。孟平红说："农村虽然实现了脱贫，但如何能吸引大批科技人才来到农村，带动村民致富，领着大家干，还得依靠政策、人才、项目、资金等方面给予支持。"孟平红表示："作为奋战在农业科技战线的一名少数民族党外干部，33年来我只是努力做了自己能做的和应该做的工作，取得了一些成绩，党和国家却给了我崇高的荣誉。我深知这份幸福和殊荣，源自党中央对民族工作的高度重视，对各族群众的亲切关怀，是鼓舞我、鞭策我奋勇前行的强大动力！我将继续铸牢中华民族共同体意识，为少数民族聚居的贵州山区贡献科技力量！农科人将继续扎根农业科研，步量贵州大地，造福万千乡民，把科研论文写在田间地头，以智慧和汗水浇灌兴黔富民科技之花，用科技助力乡村全面振兴，再次凝聚、迸发农科人的力量。"

因为对家乡赤诚的爱，对国家培养她的感恩，对贵州这片土地深深的眷恋，才有了孟平红对农业科研工作孜孜不倦的追求，她才能无怨无悔地在这片土地上抛洒青春和汗水，将丰硕的成果镌刻在贵州这片需要她的儿女们奉献和耕耘的广袤大地上！

布依族

布依族主要分布在贵州、云南、四川等省，其中以贵州省的布依族人口最多，主要聚居在黔南和黔西南两个布依族苗族自治州。布依语属汉藏语系侗台语族壮傣语支，与壮语有密切的关系。布依族过去没有自己的文字，一般使用汉文。布依族大多居住在土地肥沃的河谷、坝子，他们利用适合的气温及水利条件，种植各种粮食作物。布依族居住的地区有独特的自然景观和浓郁的民族风情，已经成为中外友人观光胜地，旅游业正成为布依族地区新的经济增长点。

贺卫国
裕固草原上的扎斯格雷

希望百姓生活更好,整体素质更高

肃南裕固族自治县是贺卫国的家乡,也是我国唯一的裕固族自治县。在2013年贺卫国刚到裕固族自治县明花乡工作时,这里的贫困户占到接近一半。就像裕固族诗人描写的那样:"草滩、碱滩、戈壁滩,举目四周望无边,抬头几回心也寒。"回到故土的喜悦是一方面,贺卫国心中更多的是对于家乡经济落后的忧心。于是,全力提升家乡的经济发展水平成了贺卫国的首要任务。

贺卫国

中学时,贺卫国就曾给自己起了一个裕固族名字"扎斯格雷",意为"闪电之光"。现实中,贺卫国就像自己的裕固族名字"扎斯格雷"一样,工作上雷厉风行,像闪电一样劈开了一条裕固族自治县的发展之路。"调查才有发言权",面对落后的经济发展状况,贺卫国在入职的前几年就带领各级干部,深入乡村开展实地调研。下村入户的过程中,贺卫国发现要发展经济,必须立足本乡实际,充分发挥农牧业优势,继而提出要发展明花乡经济,就必须走"以农促牧、以牧带农、农牧结合"

的路子。

在畜牧业的创新发展引领下,明花乡积极引进项目,培养了一大批当地企业,实现了产业多样化的同时也有效促进了就业。当地农牧民群众收入连续3年3位数增长,人均收入达到了12000余元,全乡超过90%的群众脱贫致富。

"要想富,先修路。"贺卫国明白交通对于明花乡发展的重要性。明花乡位于河西走廊中部,处于巴丹吉林沙漠边缘,这是交通不便的问题所在。于是贺卫国前后4次前往沙漠调研,通过认真细致的调研,他发现修一条公路的好处不仅能够方便出行,而且建成公路之后,周边的自然风光也非常适合开展旅游业。

经过贺卫国多方筹措加上县里的支持,明花乡公路在2014年正式竣工,并于2015年进行硬化铺油。当年10月,明花乡公路正式通车。通车当天,明花乡群众边放鞭炮边在崭新的柏油路上载歌载舞。贺卫国说道:"走在这条路上,我感觉很幸福、很欣慰!"正如贺卫国所想,交通的便利极大地促进了明花乡的经济发展和基础设施建设。

2017年担任十九大代表时,贺卫国认识到生态保护的重要性,这是他长期工作的发现,也确实是以农牧业为主要产业的明花乡所面临的不可避免的问题。明花乡地处"祁连山生态区",长期的农牧业活动对于祁连山的生态环境造成了一定程度的威胁。因此,在明花乡的经济发展之路上,就不得不提到"祁连山生态保护"问题。明花乡的农牧民自身具有一定的生态保护意识,在实际发展中,明花乡充分调动当地农牧民的这种意识,在农牧民原有的生态保护措施基础上,在草场划区实行轮牧,严格控制游牧牲畜数量、禁止过度放牧,保证牧场的自然生态恢复。

心里装着群众,维护民族团结

贺卫国白天跑项目接洽企业,晚上去群众家走访,他认真负责地工作,百姓都看在眼里记在心里。"他的心里装着群众",这句话是贺卫国的同事郭志军对他的评价。从到明花乡任职之时起,贺卫国的心中就将群众的生活放到了最高位置。面对群众来访,他认为:"不论哪里来的群众,都要一样对待。"面对同事,他说:"相邻干部要常握手。"在实际工作中,贺卫国秉承着为群众提供更好的服务的理念,提出"五步工作法",方便群众办事,带领同事入村调研常态化、疏通群众思想解决矛盾纠纷、密切联系群众做群众困难的"聆听者"和"解决者"。贺卫国用自己的真诚展现了新时代基层干部的责任与担当。

贺卫国在认真做笔记

在日常工作中,贺卫国充分认识到民族团结是稳定发展的重要因素,他任职的明花乡生活着汉族、藏族、土族、蒙古族、哈萨克族、彝族等民族,如何促进明花乡各族之间的民族团结是他一直在思考的事。面对明花乡各族群众之间的矛盾,贺卫国坚持"民族稳定促团结"的思想,把加强文化软实力作为民族团结工作的核心。贺卫国充分发掘裕固族人民热爱歌舞、多才多艺的特点,将民族文化作为促进民族团结的抓手。每月23日被定为明花乡"快乐老乡"广场文艺演出节。村民以村为单位,自导自演节目,展示了裕固族民族文化和风情,吸引了外乡游客的同时也加强了本地各族人民之间的交流,极大促进了明花乡各民族团结。

永远跟党走，共筑中国梦

在党和国家关怀下，民族地区发生着天翻地覆的变化。2017年，贺卫国作为唯一的裕固族代表，出席了十九大，将裕固族农牧民近些年来的巨大变化展现给全国人民的同时，也代表裕固族人民向党和国家表达了热爱。在人民大会堂进行汇报时，贺卫国情不自禁地鞠了一躬："来北京之前，父老乡亲叮嘱我，一定要好好感谢党中央，感谢我们的习近平总书记。"

亲历十九大并聆听习近平总书记做的报告，对他来说是永生难忘的经历。十九大结束后，贺卫国迫不及待向明花乡群众进行十九大精神宣讲，先后在肃南县开展三十几场学习党的十九大精神的报告。为了使得农牧民能够更好地领会十九大精神，贺卫国将十九大报告中的要点进行了整理和归纳，通过问答的形式编成了一本"口袋书"，用通俗易懂的方式在农牧民中传递党的思想和行动。对于贺卫国来说，十九大精神给裕固族人民发展指出了一条光明大道。"现在千言万语也表达不完，只想说一句话'永远跟党走，共筑中国梦！'"

如今，二十大胜利召开，贺卫国虽已不是大会代表，他依然认真学习二十大精神，并因此深受鼓舞："报告描绘了宏伟蓝图，为今后工作指明了方向。作为一名党员干部，更作为党的好政策的见证者、受益者，深感责任重大、使命光荣。我们在学习中要走在前列、深学一步。要学以致用，以积极的姿态、务实的作风，推动工作开展。进一步增强工作的紧迫感和主动性，将党的二十大精神贯穿于日常工作中，体现在具体行动上。"——未来贺卫国和裕固族人民也将紧紧跟随党的指导思想，永远跟党走，为中华民族大家庭的团结稳定和发展贡献裕固族的力量。

裕固族

裕固族是西北特有的少数民族，主要分布在甘肃肃南和酒泉黄泥堡等地。分别使用阿尔泰语系突厥语族的西部裕固语和蒙古语族的东部裕固语，无文字，通用汉语文。"衣领高、帽有缨"是裕固族服饰的一大特点。裕固族的手工制品富有民族特色，民间工艺品主要包括纺织的褐子、各种口袋、毯子、马缰绳等生活用品。裕固族牧民的饮食以酥油茶、糌粑奶皮子和曲拉等乳制品为主。裕固族民间口头文学非常发达，包括历史传说、民间故事、叙事长诗和民歌等多个种类，比较有名的为《莫拉》《神箭手射雁》《黄黛琛》等。

虞梅
医者仁心浇灌民族团结之花

心系患者，用爱浇灌民族团结之花

乌鲁木齐市中医医院南门分院位于乌鲁木齐市的老城区，始建于20世纪60年代，有着半个多世纪的历史。医院周边是乌鲁木齐的老居住区，这里居住着汉族、维吾尔族、回族、哈萨克族等多个民族的群众。自1992年被分配到乌鲁木齐市中医医院南门分院开始，为这些世代为邻的老百姓诊治疾病，便成了俄罗斯族医生虞梅周而复始的工作和义不容辞的责任。

虞梅

医者，仁者之术也。为各族患者解除病痛，要有一颗善良仁爱的心。虞梅在工作中时时刻刻把患者的健康和利益放在心上，想病人所想，视病人为亲人。她不仅为他们缓解病痛，还为他们精打细算，在长期工作中和他们结下了深厚的感情。而这份感情，不仅是患者对医生，有时更像对亲人和朋友。虞梅所在的科室自成立以来，住院患者在全医院一直是最多的，而患者的人均医疗费用却是全院最低的。

2002年南门中医院改建后，虞梅作为科室主任开

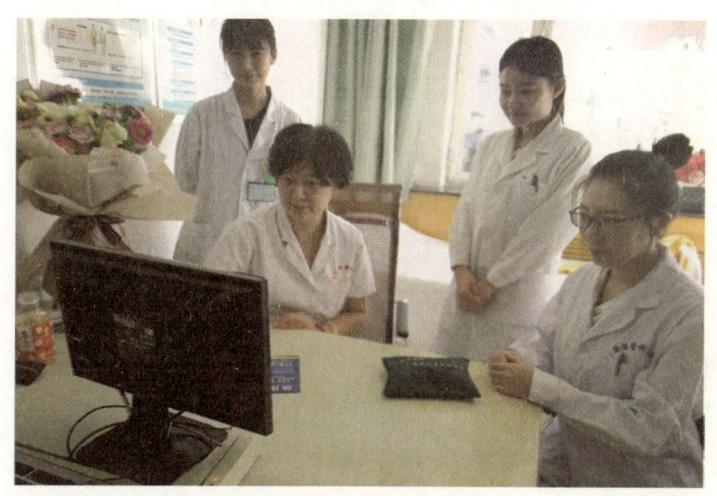
虞梅指导科室医务人员工作

始组建新科室。由于新科室医生经验少、患者较多，虞梅加班加点工作已是家常便饭，在查房、管病床之后还要经常24小时地值班。一次，虞梅在值班结束回家的过程中，接到了来自科室的电话：一名跟随虞梅近10年的肺心病患者艾合买提大叔，在家中突发哮喘，呼吸衰竭，紧急入院后家属就不停询问虞梅大夫的去向，一定要见到她才放心。接到电话后，虞梅立即赶往医院。经过一夜的抢救，艾合买提大叔转危为安并平安出院。后来因为病情发展，艾合买提每年都要来科室治疗一段时间，由于所在科室是普通病区，抢救室的条件不完善，虞梅建议他转院治疗。但他们一家人却说："虞主任，你要是治不好，谁也治不好。我们就是死了，也愿意在这。请不要赶我们。"

虞梅所在的医院还承担着天山区经济困难患者的救治工作，这些病患者往往由于经济条件差，导致病情不断拖延和加重。热比娅大妈患有严重的顽固性心衰，经常彻夜端坐，不能入眠。久病加之子女生活负担较重，热比娅大妈经常处于无人照顾的状态。虞梅看在眼里，急在心头。除了积极给她治疗外，虞梅还组织科室人员承担照顾她生活的任务。在虞梅等人的细心照顾下，大妈的病一天天好起来，她也留恋在医院不想回家。每次见到虞梅，热比娅大妈总是感激地亲吻她的手背，用维吾尔语轻轻说："感谢你，你这么好的人，我会为你祈祷的……"

虞梅深知民族团结是生命线，是铸牢中华民族共同体意识的根基，她始终坚持把民族团结贯穿工作的全过程。通过医者的"仁心仁术"和患者的"生命所托"，长期交往交流交融，各民族儿女结下了深厚的情谊。2018年，虞梅所在的医院分院荣获"全国民族团结示范单位"。在虞梅的眼中，她自幼生活在乌鲁木齐这座城市，和各民族的朋友、同学、同事、病人共同生活在一起，朝夕相处已是常态。她认为民族团结的最高境界就是没有隔阂，和谐相处。虞梅说，她所在的科室是由汉族、维吾尔族、回族、哈萨克族和俄罗斯族的各族人组成的大家庭。他们一起工作，相互尊重，相互关爱，相处得很自然和谐。记得7·5事件发生后，由于所在医院特殊的地理位置和病人结构，那段时间里病区的气氛变得焦灼敏感。作为科室主任，虞梅保持头脑清醒、立场坚定，为了维持正常的工作秩序，防止意外情况发生，虞梅三天三夜没有回家，带领科室成员增加查房和与病患沟通的次数，把握导向，调节气氛，努力消除民族间的误解，化解矛盾，用实际行动捍卫了民族团结，搭建民族团结"连心桥"。

根植热土，做有担当有情怀的政协委员

2012年，虞梅成为乌鲁木齐市第十二届委员会的一名政协委员，从此开启了她的政协履职之路。履职期间，虞梅始终牢记习近平总书记的嘱托，牢牢把握新时代人民政协的新方位、新使命，坚持为国履职、为民尽责的情怀，把事业放在心上，把责任扛在肩上，根植热土，守护家园，做有担当有情怀的政协委员。

无论是作为市政协委员，还是自治区、全国政协委员，虞梅始终把关注的重点放在关乎民生的中医药事业发展、公共卫生体系建设、养老行业发展、心理健康体系建设以及促进地方经济发展等方面。在虞梅担任乌鲁木齐市政协委员期间，她提出的《关于加强乌鲁木齐市居家养老体系建设的建议》《关于少数民族服装产业现代化的建议》等提案均受到市政府的重视，并作为重点议题

组织了专题调研。

作为一名来自中医药卫生领域的委员，虞梅围绕中医药事业发展，先后提交了多件建议及提案并在后续得到了落实，使新疆丰富的中医药文化资源有了更好的发展前景。近年来，随着工作岗位的变迁，虞梅在履职的道路上持续发力，将视角放到"全民心理健康体系建设"和"关爱精神卫生领域从业者"方面，促进了相关行业的良性发展。

一分耕耘，一分收获。在虞梅工作的20几个年头里，她不仅获得了各民族病患的信任和赞许，也多次受到了上级部门领导的表扬。而在虞梅的眼中，她将这些都视为自己作为一名医务工作者的责任，为各族病患服务的动力。虞梅表示，作为一名医生，她将在今后的工作中，用医务工作者的方式践行民族团结，捍卫民族团结，用爱浇灌民族团结，让这朵美丽之花开得更加鲜艳，为社会和谐、国家稳定做出一份贡献。

俄罗斯族

俄罗斯族散居在我国的新疆、内蒙古、黑龙江、北京等地。其中新疆维吾尔自治区最多，占全国俄罗斯族人口一半以上，"俄罗斯人"一词源自欧洲古代斯拉夫人的部落名称——罗斯，曾被冠以"归化族"的名称，而在新中国成立后改称俄罗斯族。俄罗斯族的语言属印欧语系斯拉夫语族。俄罗斯族使用俄文，兼通俄语、汉语、维吾尔语、哈萨克语等多种语言，在社会上，他们讲汉语，在家庭内或在与本民族交往时讲俄语。我国的俄罗斯族一直保持着带有浓郁欧洲风情的民族生活传统，同时，由于长期和汉族等其他民族生活在一起，又吸收融入了其他兄弟民族的一些习俗。

马乙四夫
全国民族团结进步模范个人

马乙四夫是撒拉族,出生在红光上村。年轻时,他同大多数撒拉族青年一样,为了过上好日子,离开家乡,走南闯北,开过出租,跑过运输,搞过工程,靠着自己的拼搏攒下了一些钱。当年的红光上村,人均耕地少,年轻人大量外出,老弱妇孺生活水平低,面对这个"烂摊子",马乙四夫决心回到家乡竞选村支书。

马乙四夫

深耕红色资源,推动红色旅游

在马乙四夫看来,一个人富不算富,大家富才算富。就这样,原本已经承包了公路建设工程的马乙四夫卖掉了自己所有的设备,带着钱回到了老家。

刚上任,马乙四夫便自筹6.7万元资金,解决了修建党员活动室土地的征地和建设费用,短时间内建起了党员活动室,同时也设立了图书阅览室、村级医务室、乒乓球室等活动场所。党员队伍召集起来了,但村里边的经济状况依旧不容乐观,没有形成相应的产业,很难留住年轻人。当时的红光上村,由于处在修建水库的工地外围,村庄周围的外来人员较多,修建了大量的简易房。水库工程结束后,施工人员撤离,简易房成了废弃房包围着红光上村,脏乱差成了红光上村的代名词。

身为村支书的马乙四夫提出"村里一定要干干净净,人也要干净利索",他积极调动村民一起为旧家园换新颜。当时的大清扫使用了挖掘机和装载机,将每家每户门前门后堆放的垃圾进行了清除。马乙四夫自己出资2.6万元为全村176户购买了垃圾箱,免费发放。

村容村貌得到改善后,带领乡亲们脱贫致富成了重中之重。从小在红光上村长大的马乙四夫想起了村里老人们口口相传的红军故事,他觉得村里应该可以尝试搞红色文化旅游。带着这个想法,他扎进了文史资料中,搞起了研究。

为了让世人铭记红军西路军的丰功伟绩,让红军精神代代相传,2009年4月,由红光上村村委会和红光清真寺管委会联合投资10多万元创建了全国首座民间红军西路军纪念馆。这座民间西路军纪念馆由马乙四夫组织修建,汇聚了撒拉族群众对党、对红军、对那段值得铭记的历史的感恩之心。

马乙四夫在纪念馆里进行讲解

在筹备工作中,红光上村中八九十岁的老人家自愿捐款并捐赠家中红军战士曾使用过的历史物件,帮助修建这座承载了红军精神与民族团结的纪念馆。村里没有讲解员,马乙四夫便亲自上阵,白天在纪念馆内义务讲解、接待游客,晚上加班处理村里的大小事务。来进行红色旅游的人日益增多，村里也慢慢富裕起来，村民的精神面貌大为改观。

人民幸福牢记心间，带领乡亲脱贫致富

作为村支书，马乙四夫并未就此停步，而是钻研起了水产养殖。1998年，因修建公伯峡水电站，红光上村大部分耕地被征用，但蓄水后黄河下游的河面增大，河面利用似乎有"文章"可做。马乙四夫自此便开始关注上游龙羊峡水库的三文鱼养殖情况，想要在村旁拥有很大河面的黄河内也进行水产养殖。

对于村支书的这个想法，不少村民都不理解。村民们认为撒拉族的传统就是养牛羊，对于在翻腾的黄河水里进行水产养殖并不看好。但马乙四夫却认准了这条路。通过几年的探索与试养，鱼苗养大，马乙四夫本人也成了三文鱼养殖的"土专家"。在三文鱼上市时，为了带动更多的贫困户养鱼致富，他专门请村民们来看销售情况。当看到上海和广州的客户直接上门收购，利润也十分可观时，不少村民动了心，之后开始入股，走上了养鱼致富之路。此外，马乙四夫还格外关心本村外出打工人员的就业条件和营商环境，主动前往各大城市实地考察并联系相关部门帮助在外开店经营的乡亲们。

牢记红军恩情，共筑民族团结

作为一名基层的党支部书记，马乙四夫说："党员和党支部在红光上村这个基层或是民族地区，一定要发挥好战斗堡垒作用，起到带头模范作用。""我们各民族一定要百倍的感恩、珍惜当今的幸福生活，这幸福生活来之不易，都是以前的革命先辈们用鲜血与生命换来的。各民族一定要团结一致，感恩党、听党话、跟党走。"

马乙四夫带领村支部的成员们前往河西走廊、西路军纪念馆等地实地走访，收集实物及资料。在扎实调研的基础上，他将红色文化和具有撒拉族特色的农家院相结合，带领村民们推出了"红光村撒拉人家"农家院，帮助村内有条件

的家庭开办特色农家院，先后推出了"民俗之旅""生态之旅""红色之旅"三大特色旅游项目。借助发展红色旅游以及各项扶贫政策的支持，红光上村成功脱贫致富。如今的红光上村，充分利用独具特色的红色文化资源，打造了红色文化教育实践基地和集革命传统教育、休闲观光为一体的红色旅游线路，既传承了红色文化，又带动了乡村经济。

走进这个红星照耀的村庄，干净整洁的硬化路，节能环保的太阳能路灯，极具民族特色的红色文化长廊，让来到这里的每个人都印象深刻。80多年前，400多名红军战士在红光上村艰苦劳作了7年时间，开垦土地1700多亩，修建了庄廓院、民房、学校、水车、水磨、清真寺及土榨油房60余个。多年来，身为村支部书记的马乙四夫坚持为人们义务讲解西路军红军在红光上村生活时发生的大小故事。

马乙四夫和党支部一班人，传承着红军精神，积极带领群众致富的事迹被媒体报道后，引起了社会各界的强烈反响，前来红光上村和红军小学参观的人们络绎不绝。在马乙四夫的带领下，红光上村已成为民族团结、经济发展、环境优美的富裕村，不愧是红星照耀的村庄。

撒拉族

撒拉族是我国人口较少的民族之一,主要聚居于青海循化、化隆和甘肃临夏等地。撒拉族有自己的语言,无文字,撒拉语属于阿尔泰语系突厥语族乌古斯语支。撒拉族信仰伊斯兰教,因此撒拉族与回族一样,男子多戴白帽,女子戴各式盖头。撒拉族的文学艺术别具特色,以民间说唱文学为主。撒拉族最主要、最通俗的传说,是与"骆驼舞"互为表里的族源传说。民歌则包括撒拉曲、宴席曲和"花儿"等。四人《骆驼舞》是撒拉族传统戏剧中唯一保存下来的内容比较完整的剧目。

> **共筑同心圆**
> 中华民族的家国故事

照力得汗·瓦里吾拉
一路播撒爱的种子，携手走在幸福的大道上

大泉塔塔尔族乡是中国唯一的塔塔尔族乡，由塔塔尔族、哈萨克族、乌孜别克族、汉族、维吾尔族、回族、蒙古族等8个民族组成。当来到这里，不论在哪个民族人民口中，你肯定能听到这样一句话："有困难，找照力得汗！"这句话并不夸张，因为在这里，塔塔尔族干部照力得汗·瓦里吾拉（下文简称照力得汗）的名字无人不知，无人不晓。在那里的各族人民眼中，照力得汗就是大家的亲姊妹、好朋友，也是大家的好干部。

照力得汗·瓦里吾拉

遇到困难，找照力得汗

在照力得汗心中，全乡各族群众大大小小的事，就是自己的事。"赠人玫瑰，手有余香，不求回报"这句话是照力得汗内心的真实写照。虽然在12岁时失去了双亲，但在亲戚、父母朋友、周围邻居和乡亲们的帮助下，照力得汗和她的4个兄弟姐妹仍茁壮地长大。在照力得汗看来，没有乡亲们的帮助，她难以拥有现在的幸福家庭和美好生活。"我看到困难的人就会想起自己小时候，

就想尽己所能去帮助他们，能帮的我会一直帮下去。"照力得汗说道。

入户走访、了解群众的困难是照力得汗一直在坚持的工作。通过在村里走访，照力得汗不仅发现了很多面临困难的村民，也为一些村民开辟了新的致富道路。照力得汗发现石金林、王居祥家的环境优势，提出可以用家里宽敞的院子来养鸡，还免费为两名老人提供养鸡原料和必备用品。2012年达乃不幸遭遇车祸，从此她瘫痪在床。为了给达乃治病，家里的牛羊全部被变卖，积蓄也所剩无几，本就贫寒的家庭雪上加霜。照力得汗得知后，不仅在生活上进行物质支持，送米面粮油，还为她申请救助金，并在精神上给予达乃最大的安慰和支持，一有空就来和达乃聊天谈心。在达乃看来，照力得汗就仿佛照亮自己生活的那束光，温暖且充满希望，给了处在困境中的达乃巨大的支持，她也从心底里将照力得汗当作了自己的亲妹妹。

照力得汗说："作为一个基层干部、一名党员，服务人民、帮助困难群众，是我的职责。"她在用自己的实际行动温暖着更多的大泉塔塔尔族乡群众，不论是哪家的孩子考上了大学却没有钱去读，还是哪家的残疾人生活不便，照力得汗永远都会伸出援手。在自己帮助别人的同时，照力得汗还积极号召并组织全乡的爱心人士，建立爱心组织，开展团队式的爱心援助。这些活动将全乡各族爱心人士和各族群众联系在一起，民族团结也在一次次的爱心传递中越来越牢固。

虽无血缘，却胜似亲人

在汉族女孩薛民丽的眼中，自己有两个妈妈：一个是生育自己的汉族妈妈，另一个是照力得汗这位"塔塔尔族妈妈"。她的爸爸——大泉塔塔尔族乡牛毛泉子村汉族村民薛尧富身患重病，而她的妈妈也患有智力残疾。因为家中缺少劳动力，家庭收入微薄，年幼的她无人照料，父母无奈只能将她寄养在身体也不好的外公家中。

薛民丽一家的遭遇被照力得汗得知后，她就在想怎么帮助这个女孩。照力得汗与薛民丽外公商量能不能让她将薛民丽接到县城中,与自己一家人一起生活。此外,为了让薛民丽接受到更好的教育,她提出愿意承担薛民丽上学的费用和生活费,资助薛民丽读书。在照力得汗的努力下,薛民丽在2011年走进了照力得汗一家人的生活。

照力得汗有两个儿子,而且她和丈夫只是普通的工薪族,负担3个孩子的生活和学习费用,对她来说并不是一件容易的事情。但是照力得汗尽自己的所能,为薛民丽提供力所能及范围内最好的。生活中,照力得汗对待薛民丽比对待自己的两个亲生儿子都要好,不仅在薛民丽放假回来时贴心关怀,做好吃的、买日常用品还经常陪伴薛民丽学习、与孩子谈心。照力得汗像一个亲生母亲一样,为薛民丽的未来细心盘算着、规划着。

"塔塔尔族妈妈"的点滴关怀,让幼小的薛民丽无限感动和感激。在照力得汗一家人的关怀下,薛民丽逐渐克服了刚转到奇台县第六小学时对于学习生活的不适应,学习成绩也逐步提高,从转学初的成绩班级倒数,一直到后来名列班级前茅。薛民丽在中考中取得了679分的好成绩,进入了奇台县一中的实验班。得知成绩后,母女俩激动地抱在了一起,脸上露出了幸福的笑容。

照力得汗·瓦里吾拉与薛民丽

"在这个家里,我得到了母爱、父爱,还有哥哥、弟弟对我的陪伴和照顾。

我每天都很开心。"朴实的话语传递着薛民丽最真实的情感。谈到照力得汗，薛民丽哽咽道："妈妈对我就像对待亲生女儿一样。我自己也觉得特别幸运，没有她，我接受不了这么好的教育。我以后要做像妈妈一样的人！"

用自己的力量促进民族团结

截至2021年底，照力得汗已经帮助了10多个各民族家庭，资助各民族贫困学生20多人。照力得汗说过，要用绵薄之力去温暖乡里的各族群众，帮助他们解决困难，希望用自己的力量去促进民族团结，使得乡里各民族同呼吸、共命运、心连心。照力得汗的善举被大泉塔塔尔族乡的群众感恩着，也被党和政府铭记着。2021年12月，照力得汗被授予"全国妇联系统先进工作者"荣誉称号，她还先后荣获新疆维吾尔自治区民族团结模范个人、昌吉州"巾帼民族团结"先进个人和州妇联三八红旗手等称号，她的家庭也被评为"2018年新疆最美家庭"。

要问为什么照力得汗将帮助别人作为自己的责任，这从她的名字中就能找到答案。"照力得汗，汉语的意思是'幸福的道路'。我希望我帮助的这些群众，以后能和我一样走在幸福的道路上。"照力得汗说。

塔塔尔族

塔塔尔族主要分布于新疆维吾尔自治区天山以北地区。塔塔尔语属阿尔泰语系突厥语族西匈语支,有以阿拉伯字母为基础的塔塔尔文。塔塔尔族酷爱戏剧、音乐和歌舞,其民歌《巴拉米斯肯》在新疆各民族中流传很广。"赛跳跑"和"爬竿"比赛是塔塔尔族别具民族特色的传统娱乐活动。撒班节是塔塔尔族特有的传统节日。"撒班"是塔塔尔族犁地的一种农具,为了纪念这种新式犁的发明,每年春忙结束后,塔塔尔族会在风景优美的地方举族欢庆,并举行各种文体娱乐活动。

孟亚静
猎民村脱贫致富的领头人

  鄂伦春族最初被称为朝阳猎民队，1996 年后鄂伦春自治旗实施禁猎，猎民村不再沿袭打猎的传统。搬迁后，猎民们从翻山越岭的狩猎逐渐变为种地的定居生活，但老一辈人生活的地方是一个不见天日的山沟，不仅地理位置偏远，生活条件还十分艰苦。

  不再打猎的猎民村必须迅速找到适宜猎民的生产生活方式，以便跟上现代化的步伐。如何破解地域局限性对猎民村发展所造成的阻碍？如何响应国家"造血"式扶贫的号召，从而建立符合自身发展的造血机制，增强致富内生动力？这不仅是作为书记的孟亚静面临的难题，更是整个猎民村在现代化潮流中何去何从的困境。

孟亚静

经济发展寻对"路"

多布库尔猎民村有着得天独厚的自然资源，这里自然风光秀美、民俗风情浓郁、历史文化悠久、人文遗迹丰富，至今仍然保留着最传统、最完整的游牧生产生活方式。孟亚静以智慧的眼光捕捉到了当地得天独厚的优势，她以经济发展为目标，带领全体村民走出了民俗旅游发展致富的新路子。在实践过程中，她坚持以乡村振兴战略为理念支撑，以绿色发展、可持续发展、共同富裕为基点，创新地开拓出了一种"公司+村民"的发展模式。为了大力发展民族地区的旅游产业，孟亚静还通过鼓励、支持民族手工艺品产业来进行补充。这种"家庭户游"经营模式让村民实现了增产增收，壮大了猎民村的集体经济。

不仅如此，为了摆脱困境，进一步转变猎民村的生产生活方式，孟亚静积极学习先进农业技术经验，带领村民建立农业生态园，构建立体生态农业的产业模式。在刚禁猎的时候，村民们根本不会种地，用他们的话说就是："拿惯猎枪的手握锄头怎么握怎么别扭，摆弄子弹的手抓麦粒怎么抓怎么不对劲。"孟亚静费尽心思让村民们学技术，对于村民们的困难和合理诉求都尽力解决，这样才使村民们逐步适应农耕生活。有村民在学习了技术后说道："黄豆打下来卖了3万多块钱，纯收入能有1万多，从来没见过这么多钱。"村民用手比画着说，"这么厚！老高兴了！"

由于落后的生产条件跟不上现代化农业的发展要求，孟亚静还请农业专家进行技术培训，指导村民种植特色浆果，修筑了田间园，接通了低压线路，建成了标准温室。"我们依托鄂伦春民俗特色资源，先后建成了集农业生态园、特色养殖区和民俗特色旅游景区为一体的'三大特色产业基地'。"孟亚静如此介绍。

多产业的辐射形成了强大的带动能力，给猎民村村民指明了弃猎转产的方向。各项产业的逐步开发，提供了更多的就业机会，从而带来了丰厚的劳动收入。从事劳动生产的村民一个不落地走上了脱贫致富的道路。

文化发展走对"路"

孟亚静作为基层党组织干部,除了发展民族经济、带领猎民村村民走上致富道路之外,还积极宣传党的民族政策。她带领猎民村以民族交往交流交融为着眼点,以铸牢中华民族共同体意识为根本主线,组织开设了经典文化培训、播音主持、古筝、非物质文化遗产快板、手鼓、鄂伦春服装走秀(少儿)等30多个课程。这些活动的开展不仅丰富了村民们的业余文化生活,还传承了中华传统文化。

此外,孟亚静还根据党中央要求并结合当地实际情况,组织了党支部的集中学习、主题党日等活动,营造了浓厚的学习氛围,提高了党员干部的理论水平,深化了对当前党的民族工作的认识。孟亚静充满信心地说:"今后工作中将始终把做好民族工作、维护民族团结作为重大政治责任,牢牢抓在手上、扛在肩上!"

"路"的指向是光明

在孟亚静的带领和全村村民的不懈奋斗之下,猎民村的面貌焕然一新,形成了生态环境优美、人民安居乐业的新局面。这些年的努力使得多布库尔猎民村建成了以鄂伦春民族文化为核心的新型民俗村——中国·鄂伦春多布库尔猎人部落景区。孟亚静自豪地说:"景区现在已初具规模,旅游旺季时每天可接待游客1000人左右,现在正争取将景区打造成国家4A级景区。"以娱乐体验、休闲田园、森林度假为一体的民俗旅游发展模式直接带动了当地经济的发展,2018年人均生产性收入达9438元,村集体经济收入45万元。

村民富裕,猎民村的村容村貌也发生了巨大的变化。现在村内公共设施配备齐全,建有200平方米的综合服务室,2500平方米的中心广场,实现路、电、自来水、电视、网络、集中供热"六通"入户。同时公交进村使得基础交通设施完善,校车等物资的配备使得基础教育设施完善,村民享受城镇医保和城镇、农村双低保使得医疗保障得以落实。

孟亚静和村民们

今天的多布库尔猎民村,全村村民都过上了幸福、富足的生活,他们脸上的笑容让孟亚静的每一分付出都获得了满足感。相信旅游产业、生态农业、民族特色手工业的进一步繁荣会让多布库尔猎民村的未来更加美好。

鄂伦春族

鄂伦春族是世居我国东北部地区的民族之一，主要分布在内蒙古自治区呼伦贝尔市和黑龙江省北部等地。鄂伦春语属阿尔泰语系满-通古斯语族通古斯语支，没有文字，现在主要使用汉文。鄂伦春族的先民一直在茫茫林海中过着游猎生活，其传统文化与游猎紧密地联系在了一起，其服饰、饮食、交通方面都有着游猎的特征。鄂伦春族的传统节庆主要有篝火节、春节、端午节、中秋节等。

格桑德吉
边境深处的坚守者，门巴孩子的圆梦人

走出墨脱，回到墨脱

提到西藏墨脱，许多人的第一印象是那里位于边境线上，是全国最后一个通公路的县城。人们常用"进藏难，进墨脱更难"来形容进出墨脱的艰辛。

1978年，格桑德吉出生在墨脱县帮辛乡根登村的一户门巴族农家。那时的根登村还是一个极度偏远、贫穷、信息闭塞的地方。7岁那年，格桑德吉上了一所民办小学，当时学校只开语文、藏文、数学三门课。因为教材不全、教师稀缺，十来个孩子把小学一、二年级的课本学了一遍又一遍。"那时的校舍很差，需要老师和学生一起拔草遮屋顶。草比我们的个子还高，回来的路上经常会绊脚，小手经常被草割伤。可是，要是不拔草，遮不好屋顶，漏雨就没法儿上课。"格桑德吉回忆说。

格桑德吉

1984年，国家为加大西藏各类人才的培养力度，在北京、上海等地建设民族学校、开办西藏班，并加大对西藏教育资金的支持力度。同年，刚读完小学一年级的格桑德吉离开家乡墨脱县帮辛乡，越过密布的山川，

到林芝的一所小学享受全免费住读，成了乡里第一个"走出来的小学生"。稳定的学习环境让原本就好学的格桑德吉越发刻苦。1994年，她考上湖南岳阳市一中的西藏班；1998年，又考上了河北师范大学附属民族学院。求学十余载，一个个国家扶持项目，带着格桑德吉飞跃崇山峻岭，飞到了梦中的远方。

大学毕业后，繁华的都市、优渥的生活触手可及，但格桑德吉始终没有忘记墨脱这片被封印在贫穷、蒙昧中的土地。"我知道自己也是教育的受益者，我走出过大山，在内地求学，因为读书而改变了我自己的命运，然后我也希望，我们墨脱更多的人也走出大山、继续读书，因为读书而有不一样的人生。"

2001年，格桑德吉放弃拉萨的工作，回到家乡，成为墨脱县帮辛乡小学的一名教师，选择为更多西藏的孩子架起知识改变命运的桥梁。

几十年坚守劝学路

"我刚到墨脱的时候，我们学校还没有成立一个完全小学，只有一至四年级，加上我一共四个老师。"回到帮辛乡小学的格桑德吉既是教师，又是"母亲"。由于回家路途艰险，100多名学生中有四分之三都是住校生。教学之外，格桑德吉还要肩负起照顾学生起居、护送学生回家的任务。

当时，进出帮辛乡要翻过几座高山，山路陡峭迂回，头顶是摇摇欲坠的山石，脚下是深不见底的悬崖，路只有六七十厘米宽。每到假期，格桑德吉要在这样的道路上徒步七八个小时，才能将所有学生护送回家。路遇马帮，格桑德吉和老师们首尾照应，将孩子们护在内侧组织避让；途经河流，患有恐高症的格桑德吉溜过200多米的铁索，贴着汹涌的波涛过河……冒险般的护送路，一走就是十几年，格桑德吉的脚印遍布帮辛乡大大小小的村落。孩子们安全回家，是她克服一切困难的信念。

然而，比护送路更难走的，是劝学路。"将近10年的时间，我都没有一个完整的班。班里面学生没有齐过……就看到很多适龄儿童，都没有好好上学……我觉得挺可惜的，然后就开始有了那种劝学的念头。"由于乡亲们的教育意识不强,经常有孩子缺课、弃学。很长一段时间里,格桑德吉的主要工作就是到村里把学生劝回课堂。

比起贫穷,学生父母的不理解是横在孩子与教育之间更为艰深的鸿沟。一户户拜访,再远也要到达;一声声劝导,再难也要将孩子拉回学校。多年来,为了孩子们不辍学,格桑德吉频繁往返于泥石流、山体滑坡频发的悬崖山谷间;为了孩子们安全到家,格桑德吉和男老师一样,送孩子蹚河水、溜铁索、走悬崖;为了孩子们不停课,其他地方缺老师时,格桑德吉背起干粮就赶过去。纵使劝学的路崎岖,但每一步前行都能够为闭塞的生命照进一束希望的光,这是格桑德吉"一个都不能少"的坚持,也是她几十年如一日的坚守。

格桑花开,馥郁高原

2013年9月,格桑德吉被评为"最美乡村教师";2014年2月,荣获"2013感动中国人物";2018年5月,获得第22届"中国青年五四奖章"……荣誉背后,有着格桑德吉对教育的信仰,对墨脱的诺言,以及对家人的歉意。

格桑德吉

20年来,格桑德吉与家人聚少离多。远在拉萨的女儿、疏于照顾的儿子……是格桑德吉最深的牵挂和最大的心结。每每提及至亲,她总是难掩泪水。然而如果可以重新选择,格桑德吉却说:"我还会选择帮辛。"小家庭的天各一方、无暇相顾,换来的是大家庭希望的光亮。在儿子眼中,格桑德吉是"全世界最好的妈妈"。

随着2013年墨脱县全县公路贯通，帮辛乡小学建起了新的教学楼、操场和学生宿舍；2019年再次全面提升教学硬件设施水平，学校添置了多媒体教室、电子教学室……格桑德吉见证了帮辛乡小学的蜕变，见证了教育在墨脱落地生根、花开烂漫。如今，墨脱县孩子的入学率、小升初的升学率都达到了100%。

2018年底，格桑德吉调至墨脱县完全小学担任副校长。岗位变了，工作地变了，但教学的职责没有变。"我喜欢讲台、上课，感觉很快乐，我觉得作为老师，最主要的就是教书育人。每次站在讲台上面对一群学生，然后把自己的一些专业课教授给他们，学生学会了心里还是挺开心的，这也是我乐意做的。"2021年，刚做完甲状腺手术的格桑德吉坚持要在第二天重返课堂，她的筑梦之路仍在继续。

门巴族

门巴族是我国人口较少的民族之一，主要分布在我国西藏自治区东南部的门隅和墨脱地区。门巴族有语言无文字，通用藏文，其语言属汉藏语系藏缅语族。门巴族善饮酒，大至婚丧嫁娶、宗教礼仪，小到日常杂活、谈天说地，均离不开酒。门巴族节日丰富多彩，大致分为宗教性节日、生产性节日、娱乐性节日三大类。文学艺术方面，门巴族有丰富的口头文学，尤善诗歌创作。其中，由民间歌舞演变而来的"门巴戏"也称"门巴藏戏"，其表演形式粗犷古朴，保留着早期戏剧的古老面貌。2006年5月，"山南门巴戏"被列入第一批国家级非物质文化遗产名录。

茸芭莘那
唱响普米之声的灵动歌者

"我将始终牢记习近平总书记对少数民族委员的殷殷重托,继续与各族儿女一道,共同唱响中华民族大团结的赞歌。"茸芭莘那,这名来自云南怒江傈僳族自治州兰坪白族普米族自治县的普米族女歌者,正让全国乃至世界人民听到动人的普米之声。

茸芭莘那

从大山里来,为民族而唱

毡帽鲜红、服饰华丽、歌声动人,是茸芭莘那给人的第一印象。她出生在云南怒江傈僳族自治州,在这里,生活着20多个少数民族,是全国民族数量最多的一个自治州,民族特色浓厚、少数民族文化资源丰富多彩。生活环境加之天赋造就了多才多艺的茸芭莘那,也使得民族特色歌唱形式成为她的标签。

在怒江州民族歌手大赛中崭露头角之后,茸芭莘那开始了自己的歌唱之路。在2006年中央电视台青年歌手电视大奖赛、中央电视台星光大道节目中,这个穿着鲜艳的民族服饰、唱着民族特色歌曲的普米族女孩让所有人眼前一亮。最终,这个来自云南大山里的女孩获得了中央电视台青年歌手电视大奖赛民族唱法组铜奖,也摘得了星光大道年度总冠军桂冠,并登上了中央电视台春节联欢晚会的舞台，此后更是在更多更大的舞台上发光发热，向全国乃至全世界人民传唱着中国少数民族音乐。

2013年3月，茸芭莘那随习近平主席出访俄罗斯，并在当晚的"美丽中国"主题文艺演出中作为唯一的女声独唱了《怒江大小调》。在演出中，茸芭莘那依然传递着她独特的民族风情，向两国元首，更向全世界展现了中国少数民族的文化。参加演出后，茸芭莘那倍感自豪和荣幸："能把我们中国少数民族的音乐，云南、怒江的音乐，一次次地唱响国际舞台，我特别自豪。"

将民族文化保护视为自己的使命

许多人心目中的茸芭莘那可能是那个在2006年的青年歌手电视大奖赛上歌声犹如天籁的青涩的普米族女孩，也可能是中央电视台"星光大道"星光熠熠的年度总冠军，但是比起民族歌唱家茸芭莘那如今更重要的身份是全国政协委员。身份不同，但是职责相同。在茸芭莘那看来，她是在民族文化的熏陶下成长起来的，能够被大家认可也源于她的民族特色。如今，她希望通过自己的努力，为她的民族真正做点事情，为少数民族文化和历史延续做出更多的贡献。

从小就生活在少数民族地区，在民族文化滋养下成长和成名的茸芭莘那深刻认识到民族文化对于民族延续的重要性。所以从当选全国政协委员开始，她先后提出《关于加大对我国人口较少民族文化抢救和保护力度的提案》《关于加强我国少数民族濒危语言文字保护的提案》等。茸芭莘那的建议及提案始终聚焦于一个主题：民族文化保护，尤其是人口较少的民族文化的传承保护。

普米族在全国56个民族中属于人口较少的民族，如何使普米族以及其他人口较少的少数民族的文化和传统得到延续发展是她一直在思考的问题。正如茸芭莘那所说："我是民族文化的受益者，所以，为人口较少民族非遗保护奔走，是我的责任，更是我一生的事业。"在大家的努力之下，"人口较少民族口头传统典藏计划"启动，该计划围绕28个人口较少的民族展开，通过实地调研，以民族语言和方言为载体，聚焦少数民族传统文化、历史与节日，将少数民族的文化用影音进行记录典藏，传承少数民族历史记忆。

如今茸芭莘那和她的同事们正在积极推进新疆、内蒙古等地人口较少民族的口头传统典藏工作。"我会将这项工作一直做下去。"这是茸芭莘那的承诺，也是她的责任担当。

与各族儿女一起唱响民族团结赞歌

不论是作为文艺工作者，还是作为政协委员，茸芭莘那始终铭记自己是普米族的女儿，是党和国家关怀下成长的中华儿女中的一员。她认为，自己能够站在人民大会堂，普米族能够和全国各族人民一起行使国家主人权力，都是党和国家各民族一律平等政策的实施结果，也是党和国家对于少数民族的关怀的最好体现。

在2016年3月的第十二届全国政协第四次全体会议上，茸芭莘那做了《国家——五十六个民族的最大认同》的发言，深情地向全国人民讲述了边疆地区在党和国家的关照和帮扶之下的巨大变化并表达了少数民族人民对于党和国家的热爱。"没有党和国家的关怀，没有中国特色社会主义制度，就没有家乡的今天，就没有我们少数民族的今天"。她朴实的话语背后，是万千少数民族人民的心理映照，是沐浴在党和国家阳光下成长、发展的少数民族的呼声。她的发言中提到了家乡的各个少数民族在党和国家的帮扶下，在各个方面取得的巨大成就。虽然民族众多，语言不通，但是怒江的各族儿女心中都有着一个共同的信念，那就是对于祖国的热爱和对于中华民族的认同。

茸芭莘那是少数民族人民的缩影，在她身上，我们能够看到少数民族成员对于本民族的热爱和传承历史文化的使命感，我们能看到作为人民代表参政议政的责任感，能够看到少数民族成员对于党和国家的感激，对于中华民族大家庭的认同和热爱。

"党和国家如此关心重视少数民族和民族地区的发展，让每个民族都有了

茸芭莘那在发言

信念，都有了梦想。这信念就是对国家的认同，这梦想就是中华民族，包括每个少数民族的伟大复兴梦想。"茸芭莘那正如她的宣言一样，将继续与各族儿女一道，共同唱响中华民族大团结的赞歌。

普米族

普米族是我国具有悠久历史和古老文化的民族之一，主要分布于云南省西北部高原的兰坪白族普米族自治县和宁蒗等地。普米族使用普米语，属汉藏语系藏缅语族羌语支，近代以来大多已普遍使用汉文。普米族民间艺术中最具代表性的是"搓蹉"舞蹈，从基本动作来看，大多是日常生活中爬树攀崖、播种收割等的模拟动作，也有对动物的形体和动作的模仿。四弦琴（羊头琴）是普米族的传统乐器，后来民间艺人在传统四弦琴的琴头上雕饰了"羊头"造型，与普米族的传统民族文化更为契合，已成为普米族文化的重要象征。此外，在普米族的传统节日中，大过年、大十五节、端午节等节日具有重要意义。

刘蕾
"船上捕鱼"到"岸上致富"的见证者

在我国东北黑龙江、松花江和乌苏里江构成的三江平原一带,生活着一个历史悠久的神秘民族——赫哲族,赫哲族是我国人口较少的少数民族之一。自古以来,北方的少数民族普遍都是游牧民族,赫哲族也不例外,他们以捕鱼打猎为主,不论男女老少,都是捕鱼好手。以渔业经济为核心,形成了赫哲族独特而丰富的民族文化,是我国北方唯一依靠渔猎为生的民族。同江市街津口的赫哲族乡,作为赫哲族的主要居住地,享有"赫哲故里""赫哲第一乡"的美誉。赫哲族全国人大代表刘蕾便生长在此,奉献于此。作为一名从"船上捕鱼"到"岸上致富"的见证者,她与家乡人民并肩奋斗,促进乡村振兴,保护传承民族文化。

刘蕾

带头致富奔向小康,保护传承民族文化

2003年,刚从齐齐哈尔民族师范学校毕业的刘蕾回到了家乡——同江市街津口赫哲族乡。家乡当时较为穷苦,由于过度捕捞,当地赫哲族百姓世世代代赖以生存的渔业资源日渐匮乏,这使得渔民们单单依靠捕鱼已经无法维持生计。看着乡亲们面临的困难,刘蕾一心想要创业为乡亲解困,但刚毕业的她起初也是一筹莫展。就在刘蕾苦恼于究竟该如何帮助家乡百姓时,她遇到了刘昌凡。二人后来结为夫妻。刘昌凡当时是街津口边防派出所的一名民警,因为刘昌凡不仅常常帮助乡亲们调解纠纷,还力所能及提供帮助,所以深受辖区百姓的信任。

丈夫成了刘蕾创业的"引路人"。刘昌凡为刘蕾介绍国家与当地制定的各种惠民政策,也帮助刘蕾制订切实可行的创业方案,刘蕾也牢牢抓住了国家对于农村和少数民族地区帮扶的好机会。在亲友的支持和边防官兵的帮助下,刘蕾先后帮助村民争取到创业致富项目12个,为促进街津口赫哲族乡标准化养殖基地项目、"两江一湖"水稻基地临江灌区工程、华能风力发电项目的立项开工以及赫哲族"依玛堪"艺术团的组建付出了艰辛的努力。

作为同江市街津口赫哲族乡民族发展中心的负责人,刘蕾身上承载着家乡父老乡亲的期望。提起这些年为家乡努力争取到的一个个创业项目,刘蕾自豪地说:"我就是要带领更多的村民投身到特色产业发展中来,让村民小富变大富、小业变大业。"

人大代表为人民,肩负使命十五载

2008年,23岁的刘蕾首次当选为全国人大代表,也是全国唯一一名赫哲族代表。刚刚担任人大代表时,刘蕾对于如何当人大代表、怎样更好地履行代表职责,内心其实还有些忐忑,但她一直牢记人民代表为人民的初心,也常说:"我来自基层,更要深入基层。"基层生养了刘蕾,刘蕾的参政议政也因深入基层而有了底气。

每一次赴京参会，刘蕾都会准备紧贴家乡实际的沉甸甸的建议。以2016年为例，刘蕾代表在那届全国人大期间递交了《关于加快少数民族脱贫致富的建议》《关于促进黑龙江省佳木斯辖区水路口岸对外开放的建议》《关于加大对校园暴力监管力度的建议》《关于加强关爱困难儿童的建议》《关于完善对孤独症儿童早期筛查的建议》等建议及提案。

刘蕾在调研中发现，少数民族地区具有独特的地域文化和醇厚的民族风情，但由于受地理位置和历史条件等束缚，其旅游业的发展还存在很多瓶颈问题。因此，在小组审议时，刘蕾建议在鼓励产业发展、资金引导、项目用地、奖励办法、培育壮大文旅产业市场主体等方面出台政策，激发市场主体活力，鼓励引导民间投资参与文旅产业基础设施建设。此举引起相关部门的高度重视。

刘蕾从首都参会回乡后的第一件事，就是跟大家伙儿相聚，分享会议精神，共话家乡发展，也激励大家共同奋斗，迎接美好幸福生活。

盛情邀请，习近平总书记如约走进赫乡

十二届全国人大四次会议期间，习近平总书记来到黑龙江代表团参加审议，刘蕾有幸与总书记进行了面对面交流，向他讲述了街津口赫哲族乡在党的领导下加强社会建设、保护民族文化等方面的生动实践，并两次邀请总书记到自己的家乡走走看看。会议结束后，刘蕾激动地握住总书记的手，第三次邀请，总书记回答："一定去看看！"

2016年5月24日，习近平总书记如约来到了刘蕾的家乡看望赫哲族群众，勉励乡亲们把赫哲文化瑰宝代代传承好，同时也祝愿百姓们的生活蒸蒸日上。聊起总书记来到赫哲族老乡的家，对于这些年家乡发生的变化，刘蕾感慨万分："过去，我们赫哲族以捕鱼为生。如今，党和国家的政策帮助我们实现转产，从单一的捕鱼业向农业、养殖业、旅游业、手工业等发展，使得我们在经济建设和文化传承上得到了很快发展。过去的目标是脱贫，现在的目标则是和乡亲们一起致富奔小康！"

过去这些年，包括刘蕾的家乡在内的赫哲族家园发生了翻天覆地的变化，有党的政策扶持，有政府的积极作为，还有刘昌凡所在的边境派出所的共建帮扶。几年来，这里的民警换了一批又一批，可他们与赫哲族人民的鱼水之情却代代相传。他们积极引导群众转产致富，推动渔业捕捞向养殖旅游转型，成为百姓的"知心人"和"守望者"。

刘蕾在答记者问

又是一年两会时间，再一次站在"两会代表通道"，着民族盛装答记者问，将赫哲族的好日子、好生活分享给媒体，刘蕾早已不是那个最初心里忐忑的"新手"委员。10余载履职担当，让当时那个20多岁的女孩褪去稚嫩，愈加自信大方，更为成熟稳重。她继续带着一份份为民发声的建议及提案，将赫哲族同胞的"关切事"和"心里话"带到人民大会堂，在实现赫哲乡发展和振兴的路上跑出加速度。

赫哲族是我国人口较少的民族之一，分布于黑龙江、松花江、乌苏里江交汇构成的三江平原和完达山余脉，集中居住于三乡两村。由于居住地域广阔，赫哲人的自称较多。1934年凌纯声的《松花江下游的赫哲族》一书出版后，"赫哲"作为族称被广泛传播。赫哲族语言系阿尔泰语系满－通古斯语族满语支，没有文字。"衣鱼兽皮，陆行乘舟"是对过去赫哲人渔猎生活的写照。赫哲族是一个渔猎民族，并且是北方少数民族中曾以渔业为主的民族。

赫哲族

吴玉圣与侗家七仙女
大山里的网红脱贫队

在贵州省黔东南苗族侗族自治州黎平县的深山里，有一个叫盖宝村的侗族村寨。这里风光旖旎，民风淳朴，犹如世外桃源。然而，几年前，这个只有500多户人家的小村庄却有着109个贫困户，他们的人均年收入不足4000元，信息的闭塞和交通的不便让这里的农产品几乎没有销路。2018年5月，时任盖宝村第一书记的"80后"吴玉圣，提出"短视频＋直播"扶贫模式，并组建了"七仙女"直播团队。6年来，侗乡书记带领着"侗家七仙女"，在各大直播平台宣传侗族文化，开展公益直播，收获了几百万的粉丝，让越来越多的网友知晓了侗乡，爱上了侗乡。他们积极助力本地农副产品出山，为家乡带货，带动了村民们脱贫致富，带火了侗族文化，改变了村子闭塞落后的困境。

"不务正业"的山村扶贫书记

2018年2月14日，腊月二十九，还在纪检委工作的吴玉圣接到了一纸调令——到盖宝村任第一书记。第二天就是年三十，按照规定是年后才去报到的，不过为了更好地了解村子的情况，吴玉圣当天就驱车100多千米赶到了盖宝村。

正式报到上任后，他围绕盖宝村实地考察了一个月，保存完整的侗寨风俗和原生态秀丽风光，让这名大学时期有过互联网创业经历的"80后"找到了突破口。因为这里和他想象中破败的贫困村落不同，盖宝村有非常浓郁的侗族风情。过年期间，村里人人都穿着侗族传统服饰，十分抢眼。敏锐的吴玉圣灵感乍现，也许独特的侗族文化就是打开盖宝村脱贫之门的一把钥匙。他决定借用正火热的短视频平台，来宣传推广村里的旅游文化资源和当地农特产品。

说干就干，在村里的一次会议上，他提出利用村里的现有资金来运营一个账号宣传村寨。提议一开始并没有得到乡亲们的支持，他们怕有风险。"亏了算我的，盈利了就是村里的钱。"吴玉圣最终以风险担保的形式从村委会"借"出5万元做启动资金。之后吴玉圣买了两部手机、一个三脚架，一人包办拍摄、剪辑和直播，把村里的景色、食物和手工艺品都拍了个遍，忙前忙后一个月，设立的账号仅涨了700名粉丝。老人看着这个第一书记每天什么都不做，只知道玩手机，在背后忍不住嘀咕："这个'不务正业'的第一书记，能行吗？"惨淡的网红之路让吴玉圣动摇过很多次，他不断怀疑自己这条路是不是走错了，直到他从村里老人那儿听到了一个关于七仙女的传说。

寻找"侗家七仙女"

"相传在很久以前，七仙女下凡到侗乡洗澡，看到盖宝村的侗族姑娘愁眉苦脸，就把一首歌撒在了河里。盖宝村的姑娘们喝了河水，便学会了侗歌。从此，歌声充满了侗族，整个侗寨都欢快起来。"

吴玉圣偶然从村里老人口中听说了"七仙女"的故事，这个浪漫传说让吴玉圣立马来了灵感：地方传说便是一种文化。他马上注册了一个名为"侗家七仙女"的短视频账号，决定组建"侗家七仙女"，作为侗寨的形象大使介绍盖宝村，宣传侗族文化。

有了灵感，接下来就是找寻这七个姑娘了。在村里要找能上镜、会表达的主播并不容易。在吴玉圣的设想里，"七仙女"一定是当地的侗族姑娘，既要能歌善舞，又要会说普通话。

定下标准后,他先找到了村里的琵琶歌队,并选中最年长的队员杨燕交,也就是"七仙女"中的"大姐"。杨燕交不顾家里人的反对加入了团队。因她此前从未接触过网络直播,刚开始,羞涩的她面对镜头不知道该说什么。"上午拍抓鱼,下午做酸汤鱼,晚上就直播聊酸汤鱼的故事。"回忆起那时候的直播时光,杨燕交觉得没有太多的直播技巧,更多是在记录真实生活,真诚地与粉丝聊天。与此同时,吴玉圣在盖宝村里找到了中学生"七妹"吴美琼,她答应在假期参与"七仙女"的直播。在一次黎平县的选美比赛中,吴玉圣"相中"了黔东南州歌舞团的吴家佳。在几次"电话轰炸"后,吴家佳拉上同在歌舞团的杨宛灵去见了吴玉圣团队,并决定加入。后来,黎平县艺术团的吴娟、大学生程繁芳和吴胜丹也陆续加入了团队。

侗家七仙女

初期,"三仙女"临时上阵拍了一段黑米饭制作视频,民族服装、鼓楼古寨、地方美食、侗族姑娘等众多标签让这条视频迅速达到80多万次的播放量,占据了平台热门位置,粉丝人数从1000上涨到了10000。曾经备受质疑的扶贫之路,在此时终于看到了一点曙光。随着拍摄视频的增多,粉丝量也在不断增长。半年时间,伴随着粉丝量的稳步增长,盖宝村的"七仙女"团队凑齐了。

"七仙女"团队集中发力,做糯米饭、采乌稔叶、吃长桌宴、举行斗牛比赛……她们通常早上6点就起床化妆准备拍摄，半夜拍完还需要自己剪辑。酷暑天顶着太阳录制，寒冬腊月赤脚去河里抓鱼。功夫不负有心人，各路媒体开始纷纷关注到这个充满活力的年轻团队。"侗家七仙女"成了当地一道亮丽的风景。

盖宝村实现了"互联网+"脱贫

在吴玉圣心中，增粉并不是根本目的，借力视频帮助村里快速改变贫困面貌，才是组建团队的初衷。于是，他带领"七仙女"在平台尝试直播带货，重点销售村里的扶贫产业产品。

当时，贫困户吴永荣种的17亩小黄姜销路不畅。吴玉圣带上"七仙女"试着用视频帮助销货，穿上侗族便装，拿起锄头，"仙女"们边挖边讲解。视频发出次日，一单一万多斤的订单成交；两个月，6万多斤销售一空，销售额达30多万元！尝试成功后，直播带货很快成为常态：一次吃腌鱼的视频，卖完了全村的稻香鱼；一个稻田视频，立马卖出几百斤香米……从感觉"不务正业"到高度认可，村里18名村民入股团队分红，其中10名是贫困户。

"侗家七仙女"成为当地直播扶贫助农的主要平台，外界了解贵州民族文化的重要窗口。看到盖宝村的青山绿水和丰富多彩的侗家文化后，许多外地游客循着视频足迹，到盖宝村来找民俗风情，一些网友不远千里从外省赶来盖宝村旅游。盖宝村旅游产业的发展，也是吴玉圣计划中的脱贫致富道路之一。

在当地政府的支持和"七仙女"团队的带动下，仅仅用了一年多的时间，盖宝村就已实现了全面脱贫。村里的路修好了，新的寨门立了起来，小砖房和民宿也如雨后春笋般冒了出来……"七仙女"中的老四程繁芳说："我之前是贫困户，但是现在找到了新方向，还可以带领别人一起去致富，我觉得很有意义。"

侗族

　　侗族主要分布在贵州省黔东南苗族侗族自治州、湖南省新晃侗族自治县、广西壮族自治区三江侗族自治县、湖北省恩施土家族苗族自治州等地,其中,黔东南州的黎平县是我国侗族人口最多的县。侗族人民有自己的语言,侗语属汉藏语系侗台语族侗水语支。侗族主要从事农业,兼营林业,农林生产均已达到相当高的水平。侗族地区名胜古迹众多,人文景观奇特,民俗文化丰富多彩。鼓楼和风雨桥是侗寨中最具特色的建筑物,而侗族的民族传统节目一年不下百次,仅黔东南侗族地区一年之中就有各种节会活动80余次。

李莉瑶
用创造和奉献诠释"最美的青春"

为表彰先进、树立典型,激励全党全社会共同做好民族工作,巩固和发展"中华民族一家亲,同心共筑中国梦"的良好局面,2019年,国务院在全国范围内评选全国民族团结进步模范集体和模范个人。在全国民族团结进步模范个人的评选中,中央民族大学管理学院的硕士研究生李莉瑶获得了这项荣誉,获得这项荣誉的背后是李莉瑶的勤勉与奉献。

李莉瑶

勤学笃行的校园生活

李莉瑶,这名自称带有"布朗族搞笑基因"的女孩,始终用乐观善良的态度对待他人,用心灵的阳光照亮每一个角落。当初来到北京,进入中央民族大学学习,"美美与共,知行合一"的校训就给李莉瑶留下了深刻的印象,也成了她日后积极学习与践行的准则。

在校期间,她认真学习文化知识,努力将所学理论应用于实践。她先后参加了2014年和2015年国家大学生创新训练计划，分别研究瑶族女书和白族、纳西族语言；2019年，她参加了国家哲学社会科学基金一般项目《乡村振兴背景下城乡高质量融合发展的动力机制研究》，研究新时代深度贫困民族地区精准脱贫的体制机制与各民族地区实现乡村振兴的动力机制。谈及如此做的原因，她首先提到了自己的专业和兴趣："作为一名民大的学生，研究少数民族地区及民族文化义不容辞。"而背后更有她的初心，她希望将民族团结内化于心，外化于行，想要为中华民族伟大复兴，为各民族繁荣发展贡献自己的绵薄之力。

学校丰富多彩的民族节日活动为她打开了一扇了解民族、了解世界的窗口。浸润在兼容并包的校园文化环境中，李莉瑶体验着多元的民族文化，感受着"开放包容，兼收并蓄"的魅力。在寝室里，作为宿舍长的李莉瑶是全寝的"开心果"，积极营造、带动宿舍团结活泼的氛围。在她的带领下，李莉瑶本科所在的寝室于2012年荣获中央民族大学"民族团结之星宿舍"。

李莉瑶和支教团成员合影

传播民族团结进步的使者

在李莉瑶的成长过程中，立志报国、服务于民族地区发展的初心从未改变。2016年7月至2017年8月，作为第十八届研究生支教团成员，她和同伴赴云南普洱支教。支教期间，善良温柔的她深得孩子们的喜爱，在教授知识的同时，她潜移默化地感染着孩子们。支教结束之后，孩子们都舍不得这个"大姐姐"。家长对她说："孩子不仅喜欢你的课，还经常在家里模仿你讲课的样子！"

无论是身边的室友、同学、学弟、学妹，还是支教时遇到的孩子们，只要遇到困难，李莉瑶都会想办法帮忙。善良的她永远像一束阳光，温暖和照亮每一个角落，在点滴中影响和感动着身边的人。

2013年及2014年的两个暑假，她积极参与团中央主办的"全国少数民族大学生暑期实习计划"并担任活动助理，与来自全国20余所民族高校的伙伴一起学习和实习。2014年，李莉瑶获得了中央民族大学"民族团结进步先进个人"、第三届全国民族之花选拔大赛"布朗族之花"荣誉称号；她先后向全国30余所高校推广民族韵律操，争做传播中华民族优秀文化的使者；她还多次参与共青团中央举办的"全国各民族中学生暑期同心营活动"，和各族青少年一道，在活动中传播民族团结进步的理念，在交往中增进各民族同胞间的珍贵友谊。

在积极参加实践活动的同时，李莉瑶还致力于参加各类重大活动，在服务和奉献中实现人生价值。她先后参与2014年APEC民族迎宾方阵、2015年全国民族团结进步模范事迹报告会、2018年中非合作论坛、2019年第二届"一带一路"国际合作高峰论坛、2019年亚洲文明对话大会、2019年世界园艺博览会等活动，把对祖国的热爱践行在日常点滴中，把奉献的主题书写在生活细节里。

盛开于新时代的"布朗族之花"

在服务社会的过程中,李莉瑶体验着奉献带来的个人与国家的联结,感受着作为新时代青年的荣誉感和使命感。生长在祖国美丽的边疆,浸润在"美美与共"的文化氛围内,"布朗族之花"热情地在新时代的土壤中绽放,投身于民族地区发展,将青春奉献给祖国。李莉瑶用青春之笔谱写了民族团结进步的动人乐章!

布朗族

布朗族主要分布在云南省西部及西南部沿边地区，而布朗山布朗族乡是我国布朗族最大的聚居区，约占布朗族总人口的65%。主要聚居区的布朗族长期以来和哈尼族、拉祜族、佤族等族相邻，散居的布朗族与汉族、傣族、哈尼族、拉祜族等族人民亲密相处，十分友好。布朗语属于南亚语系孟－高棉语族佤德昂语支，可分为布朗和乌两个方言。布朗族没有自己民族的文字，除使用本民族的语言外，较多使用泰语。自古以来，茶叶就是布朗族先民栽培的著名物产，布朗族所居之地多为云南今日盛产茶叶之地，是云南大叶种茶叶的主产区。时至今日，布朗族地区仍是"普洱茶""勐库茶"的主要原料产地之一。